Das
Grunderwerbsteuergesetz
vom 29. März 1940
mit Durchführungsverordnung

Erläutert

von

Dr. Oskar Pachmayr

Oberregierungsrat am Oberfinanzpräsidium Würzburg

1941

J. Schweitzer Verlag (Arthur Sellier)

Berlin und München

Druckfehlerberichtigung

zu Pachmayr, Grunderwerbsteuergesetz.

Einleitung S. 1 letzte Zeile muß das Datum richtig 1. 5. 1940 lauten.

§ 17 S. 62 Zeile 5 von oben fällt „die“ vor Vereinbarung weg.

Das Grunderwerbsteuergesetz

vom 29. März 1940

mit Durchführungsverordnung

von

Dr. Oskar Pachmayr

Oberregierungsrat am Oberfinanzpräsidium Würzburg

1941

J. Schweitzer Verlag (Arthur Sellier)

Berlin und München

Druck von Dr. F. P. Datterer & Cie., Freising-München.

Vorwort.

Die knappen Erläuterungen der vorliegenden Ausgabe sollen mit der grundsätzlichen Regelung vertraut machen. Da die Grunderwerbsteuer begrifflich auf Vorgängen des bürgerlichen Rechts aufgebaut ist, ist auf die Abgrenzung der bürgerlichrechtlichen Tatbestände besonders geachtet worden. Die amtliche Begründung des Gesetzes ist bei der Auslegung sorgfältig berücksichtigt worden.

Würzburg, März 1941.

Dr. Oskar Pachmayr.

Inhaltsverzeichnis.

Schrifttum.

A. Erläuterungsbücher.

1. Boruttau-Klein: Das Grunderwerbsteuergesetz vom 29. 3. 1940. Erläuterungswerk. 696 Seiten. Verlagsgesellschaft Müller, Eberswalde.
2. Jahn: Das Grunderwerbsteuergesetz vom 29. 3. 1940. Erläuterungswerk. 546 Seiten. Hanseatischer Rechts- und Wirtschaftsverlag G. m. b. H.
3. Boethke-Arlt: Handbuch des Reichssteuerrechts E IX: Das Grunderwerbsteuergesetz 1940, erläutert von Ansorge.
4. Hartel: Das neue Grunderwerbsteuergesetz 1940. Kommentar. 160 Seiten. Deutscher Rechtsverlag Berlin, Leipzig, Wien.

B. Aufsätze.

Boruttau: Das neue GrEStG. Deutsche Steuerzeitung 1940 Seite 193.

Neumann: Grunderwerbsteuer bei Weiter- und Rückübertragung wirtschaftlichen Eigentums. Steuer und Wirtschaft 1940 Seite 329.

Klein: Die Gegenleistung im neuen Grunderwerbsteuergesetz. Deutsche Steuerzeitung 1941 Seite 39.

Meißner: Einiges von der Grunderwerbsteuer. Deutsche Verkehrsteuer-Rundschau 1941 S. 1 ff.

Jung: Die Grunderwerbsteuer beim Kleinwohnungsbau. Deutsche Notar-Zeitschrift 1941 Seite 63.

C.

Begründung zum Grunderwerbsteuergesetz. RStBl. 1940 Seite 387.

Abkürzungen.

RGBl.	=	Reichsgesetzblatt.
RStBl.	=	Reichssteuerblatt.
RABl.	=	Reichsarbeitsblatt.
AO.	=	Reichsabgabenordnung.
GrEStG.	=	Grunderwerbsteuergesetz.
GrEStDV.	=	Durchführungsverordnung zum Grunderwerbsteuergesetz.
RBewG.	=	Reichsbewertungsgesetz.
RBewDV.	=	Durchführungsverordnung zum Reichsbewertungsgesetz.
StAnpG.	=	Steueranpassungsgesatz.
UStG.	=	Umsatzsteuergesetz.
UStDB.	=	Umsatzsteuergesetz, Durchführungsbestimmungen.

A. Einleitung.

1. Geschichte des Grunderwerbsteuerrechts.

Das Reichsstempelgesetz vom 15. 7. 1909 und 1. 7. 1913 (RGBl. 1909, 883; 1913, 639) hat zum erstenmal von Reichs wegen die Besteuerung des Grundstücksverkehrs geregelt. Die Tarif-Nr. 11 des Gesetzes enthielt den Reichsstempel für Grundstücksveräußerungen. Die Bundesstaaten und Gemeinden konnten aber wie bisher Abgaben vom Grundstücksverkehr erheben. Daraus ergab sich ein bunter Rechtszustand. In Preußen waren beispielsweise neben dem Reichsstempel- und dem Landesstempelgesetz noch rund 3000 Grundwechselabgabeverordnungen in Kraft. Dem machte das am 1. 10. 1919 in Kraft getretene Grunderwerbsteuergesetz vom 12. 9. 1919 (RGBl. S. 1617) ein Ende: die Vorschriften des Reichsstempelgesetzes, der Landesgesetze und der Satzungen der Gemeinden, welche die Erhebung einer Abgabe von Grundstücksübertragungen betreffen, wurden mit Wirkung vom 1. 10. 1919 außer Kraft gesetzt; die Einführung neuer Abgaben wurde untersagt (§ 37 des Gesetzes).

Das Gesetz, neu gefaßt durch die Bekanntmachung des RdF. vom 11. 3. 1927 (RGBl. I, 72) blieb bis zum 1. 4. 1940 in Kraft.

Die grundsätzliche Regelung des Gesetzes galt während der ganzen Zeit unverändert; in einzelnen Bestimmungen wurde das Gesetz in den zwanzig Jahren seiner Geltung vielfach geändert.

Das Gesetz ist in der zuletzt maßgebenden Fassung im Anhang abgedruckt.

Das durch Rechtsprechung und Verwaltungsübung fortentwickelte Recht stimmte im Laufe der Zeit mit dem Wortlaut des Gesetzes nicht mehr überein. Die Anwendung des Gesetzes war nur mehr bei genauer Kenntnis der Rechtsprechung möglich. Die Besteuerung des Grundstücksverkehrs mußte im Einklang mit den Grundsätzen des nationalsozialistischen Steuerrechts gebracht werden. So kam es zum Erlaß eines neuen Grunderwerbsteuergesetzes. Das Gesetz vom 29. 3. 1940 (RGBl. I S. 585) ist am 1. 4. 1940 in Kraft getreten.

2. Das alte Gesetz.

Die Grunderwerbsteuer will den Grundstücksumsatz erfassen. Hinweis auf § 4 Ziff. 9 UStG. Sie wird aber nicht vom wirtschaftlichen Vorgang des Umsatzes sondern von dem bürgerlichrechlichen Tatbestand des Eigentumswechsels erhoben. Die Steuer ist daher auch dann zu entrichten, wenn einmal wirtschaftlich kein Umsatz verwirklicht wird.

Der Eigentumswechsel kann aber in der Form des Verpflichtungsgeschäfts (Kauf usw.) und in der Form des dinglichen Geschäfts (Auflassung, Eintragung im Grundbuch) erfaßt werden. Das alte Gesetz besteuerte in erster Linie den Eigentumsübergang (Auflassung und Eintragung, Zuschlag) und nur hilfsweise, wenn das Eigentum binnen Jahresfrist nicht übertragen wurde, das Verpflichtungsgeschäft. Das führte zu einer doppelten Steuerfestsetzung. Die Steuerpflichtigen konnten die Besteuerung dadurch bis auf ein Jahr verzögern, daß sie das Eigentum an dem erworbenen Grundstück nicht übertrugen. Um nun die Steuer schon vor dem Eigentumsübergang festsetzen zu können, wurde folgende Regelung getroffen: Nach Abschluß des Verpflichtungsgeschäftes ging dem Steuerpflichtigen eine Aufforderung zur Bezahlung der Steuer zu und es war dabei bemerkt, daß der Eigentumsübergang erst nach Entrichtung der Steuer im Grundbuch eingetragen würde. Sog. vorläufiger Steuerbescheid (§§ 189 d, 210 b Absatz 2 AO., 8 GrEStDB.). Nach Eintritt der Steuerpflicht (mit Eigentumsübergang oder Zeitablauf) wurde der Steuerfall durch endgültige Steuerfestsetzung abgewickelt. Demgemäß doppeltes Rechtsmittelverfahren mit verschiedener Rechtskraftwirkung.

Steuerbemessungsgrundlage war der Einheitswert; an seine Stelle trat der Veräußerungspreis, wenn er höher als der Einheitswert war (§§ 11, 12). Der Veräußerungspreis umfaßte die gesamte Gegenleistung, zu der sich der Veräußerer verpflichtet hatte.

Der Grundstücksbegriff des bürgerlichen Rechts, nicht der Grundbesitzbegriff des Reichsbewertungsrechts war für die begriffliche Abgrenzung entscheidend.

3. Das neue Gesetz.

Das neue Gesetz unterscheidet sich folgendermaßen von dem alten Gesetz: Das neue Gesetz besteuert in erster Linie das Verpflichtungsgeschäft und hilfsweise den Eigentumsübergang (§ 1). Das ist die wichtigste Änderung gegenüber dem alten Gesetz. Nun gibt es keine doppelte Steuerfestsetzung mehr. Die Steuer wird sofort nach Abschluß des Verpflichtungsgeschäftes festgesetzt (endgültiger Steuerbescheid). Nur wo kein Verpflichtungsgeschäft vorliegt, wird die Steuer vom Eigentumsübergang erhoben. Die steuerpflichtigen Erwerbsvorgänge sind erschöpfend in § 1 des Gesetzes enthalten. Steuerbemessungsgrundlage ist stets die Gegenleistung (§ 10). Die Gegenleistung ist aus dem Verpflichtungsgeschäft zu entnehmen. Nur wo keine Gegenleistung vorhanden ist, muß der Einheitswert zugrundegelegt werden. Demgemäß: bei Zwischengeschäften Besteuerung der Geschäfte in der Reihenfolge, in der sie sich ereignet haben

Der Begriff der Gegenleistung wurde erweitert. Auch Leistungen Dritter und an Dritte können zur Gegenleistung gehören.

Die grundstücksgleichen Rechte, insbesondere die Gewerbeberechtigungen, gehören nicht mehr zu den Grundstücken. Damit ist insbesondere klargestellt, daß Apothekengerechtigkeiten in keinem Fall der GrESt. unterliegen. Das Gesetz macht nur eine Ausnahme: Erbbaurechte und Erbpachtrechte sollen wie Grundstücke der Besteuerung unterliegen.

Der Rettungserwerb ist nunmehr gleichmäßig im Fall des Erwerbs im Zwangsversteigerungsverfahren und im Fall des freihändigen Erwerbs begünstigt (§ 9).

Die Steuer wird der Gegenleistung weder zugerechnet, noch von ihr abgezogen. Damit entfällt die umständliche Steuerberechnung nach den bekannten Formeln (§ 11 Absatz 4).

Der Übergang auf eine Gesamthand, der Übergang von einer Gesamthand und die Umwandlung von gemeinschaftlichem Eigentum in Flächeneigentum können nun einfacher als bisher erfaßt werden: steuerpflichtig ist nur der Mehrbetrag an Anteilsberechtigung, den der einzelne erhält (§§ 5—7).

Das sind die hauptsächlichsten Neuerungen. Im übrigen wurde das Gesetz in seinem Aufbau den anderen Verkehrssteuergesetzen angepaßt.

Unverändert blieb der Grundgedanke des Gesetzes: Zweck der Besteuerung ist die Erfassung des Grundstücksumsatzes. Ebenso unverändert blieb der Steuersatz.

4. Zur Gesetzesanwendung.

Das Gesetz knüpft die Steuer an ganz bestimmte bürgerlichrechtliche Tatbestände. Es kommt daher der genauen rechtlichen Beurteilung der Tatbestände große Bedeutung zu. Das Ermessen hat hier einen geringeren Spielraum. Aus der Natur der Steuer als Verkehrsteuer ergibt sich, daß Ermäßigungen oder Erlasse der Steuer aus Billigkeitsgründen nur dann zulässig sind, wenn sich durch die Besteuerung eine im Gesetz nicht gewollte Härte ergeben würde. An diesem durch ErlRdF. vom 12. 8. 1925 aufgestellten Grundsatz wurde in ständiger

Verwaltungsübung festgehalten. Im Erlaß heißt es wörtlich: Die Grunderwerbsteuer soll bei ihrer Rechtsnatur als Verkehrsteuer den Verkehrsvorgang als solchen erfassen. Die Steuer ist daher ohne Rücksicht auf die Person der Beteiligten und die beim Grundstücksumsatz verfolgten Zwecke zu erheben. Auch der RdErlRdF. vom 24. 4. 1940 (RStBl. 1940 S. 457) ordnet ausdrücklich an, für das neue Gesetz entsprechend zu verfahren. Auf diesen Grundsatz kann nicht nachdrücklich genug hingewiesen werden. Ich habe auf Grund einer mehrjährigen Tätigkeit als Sachbearbeiter für Grunderwerbsteuer an einem großen Oberfinanzpräsidium erfahren, daß in der Mehrzahl aller Steuerfälle versucht wird, einen Billigkeitserlaß zu erhalten. Die Steuerpflichtigen rechnen regelmäßig gar nicht damit, daß sie die Steuer bezahlen müssen und sind dann sehr erstaunt, wenn ihre Erlaßgesuche vergeblich sind. Der Steuerpflichtige muß die Steuer genau so in seine Berechnung der Gesamtkosten eines Grundstückserwerbs einstellen wie die Gebühren des Notars oder die Provision eines Maklers.

5. Das Aufkommen an Grunderwerbsteuer fließt seit 1. 7. 1938 in vollem Umfang dem Reich zu. Die §§ 36 und 37 des Finanzausgleichsgesetzes sind durch § 1 Ziffer 4 des Dritten Gesetzes zur Änderung des Finanzausgleichs vom 31. 7. 1938 (RGBl. I, 966) gestrichen worden.

B. Grunderwerbsteuergesetz

(GrEStG.)

Vom 29. März 1940

(Reichsgesetzbl. I S. 585, Reichssteuerbl. S. 377.)

Die Reichsregierung hat das folgende Gesetz beschlossen, das hierdurch verkündet wird:

I. Gegenstand der Steuer.

Erwerbsvorgänge.

1. (1) Der Grunderwerbsteuer unterliegen die folgenden Rechtsvorgänge, soweit sie sich auf inländische Grundstücke beziehen:

1. ein Kaufvertrag oder ein anderes Rechtsgeschäft, das den Anspruch auf Übereignung begründet;
2. die Auflassung, wenn kein Rechtsgeschäft vorausgegangen ist, das den Anspruch auf Übereignung begründet;
3. der Übergang des Eigentums, wenn kein den Anspruch auf Übereignung begründendes Rechtsgeschäft vorausgegangen ist und es auch keiner Auflassung bedarf. Ausgenommen ist der Übergang des Eigentums im Zwangsversteigerungsverfahren;
4. das Meistgebot im Zwangsversteigerungsverfahren;

5. ein Rechtsgeschäft, das den Anspruch auf Abtretung eines Übereignungsanspruchs oder der Rechte aus einem Meistgebot begründet;
6. ein Rechtsgeschäft, das den Anspruch auf Abtretung der Rechte aus einem Kaufangebot begründet. Dem Kaufangebot steht ein Angebot zum Abschluß eines anderen Vertrags gleich, kraft dessen die Übereignung verlangt werden kann;
7. die Abtretung eines der in den Ziffern 5 und 6 bezeichneten Rechte, wenn kein Rechtsgeschäft vorausgegangen ist, das den Anspruch auf Abtretung der Rechte begründet.

(2) Der Grunderwerbsteuer unterliegen auch Rechtsvorgänge, die es ohne Begründung eines Anspruchs auf Übereignung einem anderen rechtlich oder wirtschaftlich ermöglichen, ein inländisches Grundstück auf eigene Rechnung zu verwerten.

(3) Gehört zum Vermögen einer Gesellschaft (Beispiele: Aktiengesellschaft, Gesellschaft mit beschränkter Haftung, bergrechtliche Gewerkschaft, offene Handelsgesellschaft, Gesellschaft des bürgerlichen Rechts) ein inländisches Grundstück, so unterliegen der Steuer außerdem:

1. ein Rechtsgeschäft, das den Anspruch auf Übertragung eines oder mehrerer Anteile der Gesellschaft begründet, wenn durch die Übertragung alle Anteile der Gesellschaft in der Hand des Erwerbers allein oder in der Hand des Erwerbers und seines Ehegatten oder seiner Kinder oder in der Hand von Unternehmen im Sinn des § 2 Absatz 2 des Umsatzsteuer-

gesetzes (herrschende und abhängige Unternehmen) vereinigt werden würden;

2. die Vereinigung aller Anteile der Gesellschaft, wenn kein schuldrechtliches Geschäft im Sinn der Ziffer 1 vorausgegangen ist;
3. ein Rechtsgeschäft, das den Anspruch auf Übertragung aller Anteile der Gesellschaft begründet
4. der Übergang aller Anteile der Gesellschaft auf einen anderen, wenn kein schuldrechtliches Geschäft im Sinn der Ziffer 3 vorausgegangen ist.

(4) Bei einem Tauschvertrag, der für beide Vertragsteile den Anspruch auf Übereignung eines Grundstücks begründet, unterliegt der Steuer sowohl die Vereinbarung über die Leistung des einen als auch die Vereinbarung über die Leistung des anderen Vertragsteils.

(5) Ein im Absatz 1 bezeichneter Rechtsvorgang unterliegt der Steuer auch dann, wenn ihm einer der in den Absätzen 2 und 3 bezeichneten Rechtsvorgänge vorausgegangen ist. Ein im Absatz 2 bezeichneter Rechtsvorgang unterliegt der Steuer auch dann, wenn ihm einer der im Absatz 1 bezeichneten Rechtsvorgänge vorausgegangen ist. Die Steuer wird jedoch nur insoweit erhoben, als beim späteren Rechtsvorgang eine Gegenleistung vereinbart wird, deren Wert den Betrag übersteigt, von dem beim vorausgegangenen Rechtsvorgang die Steuer berechnet worden ist.

1. Allgemeines. In § 1 sind die im alten Gesetz an verschiedenen Stellen (§§ 1, 3, 5, 6, 7 GrEStG. alt) ver-

streuten Vorschriften über den Gegenstand der Steuer zusammengefaßt. Erschöpfende Regelung der steuerpflichtigen Tatbestände. Besteuerung verdeckter Geschäfte auf Grund von § 5 Abs. 1 StAnpG. (bisher § 7 GrEStG. alt).

Das bürgerliche Recht unterscheidet drei Arten des Übergangs von Grundstücken:

a) die Übertragung durch Rechtsgeschäft;
b) die Übertragung durch den Ausspruch einer Behörde;
c) die Übertragung kraft Gesetzes.

Das Grunderwerbsteuergesetz knüpft an diese Unterscheidung an und erfaßt die drei Arten durch die Besteuerung bestimmter Erwerbsvorgänge.

2. Die Übertragung durch Rechtsgeschäft (Ziffer 1).

Das neue Gesetz vermeidet den Begriff: Veräußerungsgeschäft (§ 5 GrEStG. alt); denn Veräußerung bezeichnet im bürgerlichen Recht das dingliche Geschäft, durch das das Eigentum unmittelbar übertragen wird; es handelt sich aber in Ziffer 1 um schuldrechtliche Geschäfte: Kauf und andere Rechtsgeschäfte, die den Anspruch auf Übereignung begründen. Der Steueranspruch entsteht mit dem Abschluß des Geschäfts. Ob und wann der Erwerber Eigentümer wird, ist bedeutungslos. Andere Rechtsgeschäfte, die den Anspruch auf Übereignung begründen: Einbringungsverträge, Auseinandersetzungsverträge, Vergleiche.

Der Tauschvertrag wird in § 1 Absatz 4 besonders behandelt. Hinweis auf Anm. 6.

3. Die Auflassung (Ziffer 2).

Im Interesse einer vollständigen Erfassung muß auch die Auflassung (§ 925 BGB.) steuerpflichtiger Erwerbsvorgang sein. Sie wurde im alten Gesetz unter Veräußerungsgeschäft begriffen. Da das neue Gesetz den Begriff Veräußerungsgeschäft nicht mehr verwendet, muß die Auflassung, da sie kein schuldrechtliches sondern ein dingliches Rechtsgeschäft ist, besonders angeführt werden.

Die Auflassung ist nur dann steuerpflichtig, wenn kein schuldrechtliches Rechtsgeschäft vorausgegangen ist. Beispiele: Der Beauftragte muß herausgeben, was er bei der Geschäftsbesorgung erlangt hat (§ 667 BGB.). Hat er daher bei der Ausführung des Auftrags ein Grundstück erworben, muß er es herausgeben. Er hat es daher aufzulassen. Diese Auflassung ist nach Ziffer 2 steuerpflichtig. Oder: wer ungerechtfertigt bereichert ist, hat die Bereicherung herauszugeben, also das zu Unrecht erlangte Grundstück aufzulassen (§ 812 BGB.). Wenn ein Kaufvertrag zunächst wegen Formmangels nichtig und die Nichtigkeit dann durch Auflassung und Eintragung nach Maßgabe von § 313 BGB. geheilt wird, so ist der Kaufvertrag und nicht die Auflassung steuerpflichtiger Erwerbsvorgang.

4. Der Eigentumsübergang (Ziffer 3).

Der Eigentumsübergang als solcher ist steuerpflichtiger Erwerbsvorgang nur im Fall der Ziffer 3: beim Übergang kraft Gesetzes oder durch Ausspruch einer Behörde. Hier fehlt es an einem schuldrechtlichen Rechtsgeschäft oder einer Auflassung. Daher muß die Steuerpflicht an den Eigentumsübergang geknüpft werden. Beispiele: Übergang kraft Gesetzes bei Ersitzung § 900 BGB., Versitzung (§ 929 BGB.) usw. Ausspruch einer Behörde im Enteignungsrecht des Reichs und der Länder usw.

5. Das Meistgebot (Ziffer 4).

Durch das Meistgebot entsteht der Anspruch auf den Zuschlag (§§ 81, 90 ZVG.). Der Anspruch ist ebenso zu behandeln, wie der Anspruch auf Übereignung, der durch Rechtsgeschäft begründet ist (z. B. der Anspruch auf Grund Kaufvertrags), daher steuerpflichtiger Erwerbsvorgang.

Bisher wurde der Zuschlag besteuert. Das entsprach der grundsätzlichen Besteuerung des Eigentumsübergangs an Stelle des schuldrechtlichen Geschäfts.

Erlischt das Meistgebot, so fällt die Steuerschuld weg (§§ 29, 30, 33, 72 Abs. 3, 83, 85, 86 Zwangsversteigerungsgesetz mit § 4 Abs. 3 Ziff. 2 StAG.

6. Der Grundstückstauschvertrag.

Beim Grundstückstausch liegen zwei Steuerfälle vor. Die Vereinbarung über jedes der Tauschgrundstücke ist *ein besonderer Steuerfall*. Für jeden Steuerfall ist daher beispielsweise gesondert zu prüfen, ob er nicht auf Grund von §§ 3 und 4 des Gesetzes oder auf Grund anderer gesetzlicher Bestimmungen von der Grunderwerbsteuer befreit ist. Jeder Steuerfall hat also sein eigenes

Recht. Steuergegenstand ist die Vereinbarung über die Gegenleistung für das eine und die Vereinbarung über die Gegenleistung für das andere Grundstück. Näheres über die Gegenleistung bei § 12.

7. Steuerpflichtige Zwischengeschäfte (Ziffer 5—7).

Die Ziffern 5—7 des Absatz 1 zählen einzelne Geschäfte auf, die zur Verhütung von Steuerumgehungen der Steuer unterliegen.

Beispiele: a) Die Verträge werden mit dem Vertragsgegner oder „mit einem zu benennenden Dritten" geschlossen. Hier steht dem Dritten kein Anspruch auf Abtretung eines Übereignungsanspruchs gegen den Vertragsgegner zu. Der Vertragsgegner verpflichtet sich, den Übereignungsanspruch an den Dritten abzutreten. Sobald also der Dritte benannt ist, liegen zwei Umsätze vor. 1. Umsatz: zwischen den Vertragsteilen A und B; 2. Umsatz: zwischen A und dem benannten Dritten C, an den B seinen Auflassungsanspruch mit der Benennung abgetreten hat.

b) Ein Angebot wird dem Angebotsempfänger oder „einem zu benennenden Dritten" gemacht. Angebotsempfänger verpflichtet sich dem benannten Dritten gegenüber, seine Rechte aus dem Vertragsangebot abzutreten. Auch hier Eintritt des Dritten nach Benennung in die durch das Kaufangebot geschaffenen Rechtsbeziehungen, weil der Anspruch auf Abtretung dem Angebotsempfänger zustand. Durch die Abtretung der Rechte aus dem Vertragsangebot wird zwischen dem Anbietenden und dem Dritten das gleiche Rechtsverhältnis geschaffen, wie es vorher zwischen dem Anbietenden und dem Empfänger des Angebots bestand. Das Gesetz besteuert diese Abtretung um eine Umgehung zu verhüten: es soll die Steuerpflicht nicht dadurch umgangen werden, daß anstatt der Rechte aus dem Kaufvertrag nur die Rechte aus dem Kaufangebot usw. abgetreten werden. Besteuert wird das zur Abtretung verpflichtende Geschäft (Ziffer 6). Die Abtretung selbst wird nur dann besteuert, wenn ein zur Abtretung verpflichtendes Rechtsgeschäft nicht vorausgegangen ist (Ziffer 7).

Im einzelnen zu Ziffer 5 und 6: Hier handelt es sich um die den dinglichen Abtretungen (Ziffer 7) entsprechenden schuldrechtlichen Geschäfte, die den Anspruch auf Abschluß der Zwischengeschäfte begründen. Ansorge zu § 1 Abs. 1 Ziff. 5 und 6.

Im einzelnen zu Ziff. 7: hier handelt es sich um die dingliche Abtretung der Rechte aus Kaufverträgen oder Kaufangeboten. Ansorge zu § 1 Abs. 1 Ziff. 7.

8. Absatz 2.

Es ist nicht erforderlich, daß der andere wie ein Eigentümer über das Grundstück verfügen kann; es genügt, daß er auf eigene Rechnung verwerten kann. Auf die wirtschaftliche Stellung kommt es an. Der Berechtigte muß Herr der Lage sein. Wer nur die Nutzungen ziehen darf, hat diese Stellung nicht.

Die Begründung erwähnt als wichtigen Einzelfall den Wechsel des Treugebers. Ein Treugeber überträgt seine wirtschaftliche Verfügungsmacht über das Grundstück auf einen anderen Treugeber. Steuerpflichtiger Erwerbsvorgang nach Absatz 2. Hinweis auf Treuhanderlaß (Anhang Ziffer 4).

Weitere Beispiele: A überläßt dem B sein Grundstück mit dem Bemerken, er könne damit machen was er wolle.

Oder: Zur Vermeidung der Preisprüfung nach VO. vom 8. 7. 1938 (RGBl. I, 850) wird der Weg der Übertragung der wirtschaftlichen Verfügungsmacht gewählt. Unter Verzicht auf Auflassung und Umschreibung wird versucht, dem Berechtigten in anderer Form Sicherheiten zu gewähren. Es wird ein langfristiger Pachtvertrag abgeschlossen mit Verwaltungs-, Belastungs- und Verkaufsbefugnis. Der überhöhte Kaufpreis wird in verdeckter Weise durch eine auf einem anderen Grundstück eingetragene Grundschuld sichergestellt.

Wird ein so geschaffenes wirtschaftliches Eigentum vom wirtschaftlichen Eigentümer auf einen anderen übertragen, ist diese Übertragung ebenfalls steuerpflichtig.

9. Absatz 3.

Zwei Fälle sind zu unterscheiden: a) die Übertragung eines oder mehrerer Anteile, wenn dadurch sämtliche Anteile in einer Hand vereinigt werden. Der Erwerber muß also hier schon die übrigen Anteile besitzen.

b) Die Übertragung aller Anteile von einer Person auf eine andere.

Vereinigung in einer Hand, auch wenn in der Hand von mehreren Gesellschaften eines Konzerns, die in einem Organverhältnis im Sinne des Umsatzsteuerrechts stehen. Der maßgebende § 2 Abs. 2 UStG. lautet:

„Die gewerbliche oder berufliche Tätigkeit wird nicht selbständig ausgeübt,

1. soweit natürliche Personen .... einem Unternehmen derart angegliedert sind, daß sie den Weisungen .... zu folgen verpflichtet sind;
2. wenn eine juristische Person dem Willen eines Unternehmers derart untergeordnet ist, daß sie keinen eigenen Willen hat."

Zu vergleichen hierzu § 17 UStDB. 1938.

Die Grunderwerbsteuerstelle des Finanzamts braucht nur bei der Umsatzsteuerstelle nachzufragen, ob auf die in Betracht kommenden Unternehmen § 2 Abs. 2 UStG. angewendet wird.

Die Besteuerung kann immer noch dadurch umgangen werden, daß einzelne Anteile in der Hand anderer Personen bleiben. Hinweis auf Anm. 28 zu § 1 bei Boruttau-Klein.

Die Regelung ist auch nicht erschöpfend, da nicht alle Konzernunternehmungen durch ein Organverhältnis im umsatzsteuerrechtlichen Sinne miteinander verbunden sind.

Die Befreiungsvorschriften der §§ 3 und 4 sind auf die Vereinigung und den Übergang aller Anteile entsprechend anzuwenden. (Begründung zu §§ 3 und 4). Die Steuer wird dann insoweit nicht erhoben, als bei den einzelnen Anteilsübergängen Befreiungsgründe vorhanden sind. Die Steuerpflicht wird ausgelöst durch den Übergang des letzten Anteils; für die Höhe der Steuer ist aber maßgebend, ob beim Erwerb der einzelnen Anteile — des letzten oder der früher erworbenen Anteile — Befreiungsgründe vorhanden waren. Z. B.: A erwirbt die Hälfte der Anteile durch Kauf, später erbt er den Rest der Anteile. Mit dem Erwerb des Restes ist die Steuerpflicht eingetreten; Steuer wird aber nur zur Hälfte erhoben, da der Erbschaftserwerb von der Grunderwerbsteuer befrei ist. Die Steuer wird hier vom Wert des Grundstücks und nicht etwa vom Wert der Gegenleistung für den letzten Anteil berechnet.

Anzeigepflicht: § 3 GrEStDV.

10. Absatz 4.

Hinweis auf Anmerkung 6.

11. Absatz 5.

Haupttatbestand folgt Ersatztatbestand und umgekehrt.

Die Bestimmung soll eine vollständige Erfassung des Werts der Gegenleistung gewährleisten.

Die Begründung gibt hiefür folgende Beispiele, aus denen Sinn und Zweck der Bestimmung klar hervorgeht.

a) GmbH., zu deren Vermögen ein Grundstück mit Einheitswert 100 000 *RM* gehört. Die Anteile werden in der Hand des A vereinigt. Steuerfall des Absatz 3. Besteuerung nach dem Einheitswert von 100 000. A erwirbt später das Grundstück selbst für 150 000 *RM*. Steuerfall des Absatz 1. Besteuerung nach der Gegenleistung von 150 000 *RM*. Aber nicht die ganze Gegenleistung wird zugrunde gelegt, sondern nur ein Betrag von 50 000 *RM* (150 000 weniger 100 000 *RM*) Satz 1 und Satz 3 des Absatz 5.

b) B überträgt das Eigentum an seinem Grundstück (Einheitswert 80 000 *RM*) auf C zu treuen Händen. Besteuerung nach der Gegenleistung von 80 000 *RM*. Später überträgt B auf C auch die wirtschaftliche Verfügungsmacht im Sinne von Absatz 2 gegen Zahlung von 100 000 *RM*. Besteuerung nach dieser Gegenleistung von 100 000 *RM*, aber nur aus dem Unterschiedsbetrag von 100 000 *RM* weniger 80 000 *RM* = 20 000 *RM*. Satz 2 und Satz 3 des Absatz 5.

Grundstücke.

2. (1) Unter Grundstücken im Sinn dieses Gesetzes sind Grundstücke im Sinn des bürgerlichen Rechts zu verstehen. Jedoch werden nicht zu den Grundstücken gerechnet

1. Maschinen und sonstige Vorrichtungen aller Art, die zu einer Betriebsanlage gehören,

2. Mineralgewinnungsrechte, Apothekengerechtigkeiten und sonstige Gewerbeberechtigungen.

(2) Den Grundstücken stehen gleich
1. Erbbaurechte,
2. Erbpachtrechte,
3. Gebäude auf fremdem Boden.

(3) Bezieht sich ein Rechtsvorgang auf mehrere Grundstücke, die zu einer wirtschaftlichen Einheit gehören, so werden diese Grundstücke als ein Grundstück behandelt. Bezieht sich ein Rechtsvorgang auf einen oder mehrere Teile eines Grundstücks, so werden diese Teile als ein Grundstück behandelt.

1. Grundstück im Sinne des bürgerlichen Rechts ist ein begrenzter Teil der Erdoberfläche, der im Grundbuch als selbständiges Grundstück gebucht ist. Zum Grundstück gehören seine wesentlichen und nichtwesentlichen Bestandteile. Wesentliche Bestandteile: §§ 93, 94 BGB. Zubehör ist kein Bestandteil: §§ 97, 98 BGB. Den Grundstücken stehen die Rechte gleich, auf welche nach ausdrücklicher gesetzlicher Regelung die Vorschriften über Grundstücke Anwendung finden (grundstücksgleiche Rechte). Aus Satz 2 des Absatz 1 und aus Absatz 2 ergibt sich aber, daß dieser Grundstücksbegriff des bürgerlichen Rechts für die Grunderwerbsteuer eingeschränkt wird.

2. Maschinen und sonstige Vorrichtungen, die zu einer Betriebsanlage gehören, sind vielfach wesentliche Bestandteile des Grundstücks im Sinne des BGB. Nach dem Grunderwerbsteuergesetz werden sie aber in keinem Fall zum Grundstück gerechnet.

3. Die Mineralgewinnungsrechte, Apothekengerechtigkeiten und sonstige Gewerbeberechtigungen können nach dem bürgerlichen Recht sogenannte subjektiv dingliche Rechte und damit Bestandteile des Grundstücks sein, zu dem sie gehören. Dem Eigentümer des Grundstücks steht dann jeweils auch das Recht zu. Das Subjekt des Rechts

ist dinglich, d. h. durch das Eigentum am Grundstück bestimmt. Auch wenn die Rechte nach bürgerlichem Recht Bestandteile des Grundstücks sind, werden sie für die Grunderwerbsteuer nicht zum Grundstück gerechnet. Apothekengerechtigkeiten dürfen daher in keinem Fall zum Grundstück gerechnet werden. Das hatte im früheren Recht zu vielen Weiterungen geführt.

4. Das bürgerliche Recht kennt eine Reihe grundstücksgleicher Rechte. Nach Absatz 2 sind aber für die Grunderwerbsteuer nur Erbbaurecht und Erbpachtrecht den Grundstücken gleichgestellt.

Das Erbbaurecht ist jetzt in der VO. über das Erbbaurecht vom 15. 1. 1919 (RGBl. Seite 72) geregelt. Früher galten die §§ 1012 ff. BGB. Der Grunderwerbsteuer unterliegt die Übertragung des Erbbaurechts, in erster Linie das Verpflichtungsgeschäft, dann die Auflassung usw., nicht aber die Bestellung des Erbbaurechts.

Das Erbpachtrecht ist nur landesrechtlich geregelt (Artikel 63 EG.BGB.).

5. Gebäude auf fremdem Grund und Boden. Gebäude sind regelmäßig Bestandteile des Grundstücks, auf dem sie errichtet sind, und gehören dem Eigentümer des Grundstücks. Es kann aber a) ein Gebäude zu einem vorübergehenden Zweck (z. B. vom Mieter) oder b) in Ausübung eines Rechts an dem fremdem Grundstück mit dem fremden Grundstück verbunden werden. Diese Gebäude gehören dann nach bürgerlichem Recht nicht zum Grundstück und werden auch nicht als selbständige Grundstücke angesehen etwa wie die grundstücksgleichen Rechte. Das Grunderwerbsteuergesetz aber stellt sie den Grundstücken gleich. An ihnen sind daher steuerpflichtige Erwerbsvorgänge möglich.

Nach Boruttau Anm. 7 zu § 2 können aber nach dem Grundgedanken der Ziffer 3 des Absatz 2 auch Gebäude, die wesentliche Bestandteile des Grundstücks sind, allein für sich jedenfalls im Rahmen des § 1 Absatz 2 Gegenstand besonderer Erwerbsvorgänge sein.

Beispiel: A ist Eigentümer eines Landhauses. Haus und Grundstück gehören zusammen, das Haus ist Bestandteil des Grundstücks und kann grundsätzlich — abgesehen von den oben dargestellten Ausnahmen — nicht gesondert übereignet werden. Es kann aber B sich von A das Recht einräumen lassen, das Haus frei zu verwerten. Hinweis auf Anm. 8 bei § 1. Auch diese Vereinbarung unterliegt gemäß § 1 Absatz 2 und § 2 Absatz 2 Ziffer 3 der Grunderwerbsteuer, da Gebäude auf fremdem Boden allgemein den Grundstücken gleichgestellt sind und daher jedes Verpflichtungsgeschäft usw. im Sinne von § 1 Abs. 2 ein steuerpflichtiges Geschäft über ein Grundstück ist. Hier zeigt sich, daß die Beteiligten weitgehende Vertragsfreiheit haben. Die Vereinbarungen im einzelnen Fall bestimmen den Inhalt des Rechtsgeschäfts, auch wenn sie sachenrechtlich wegen entgegenstehender zwingender Bestimmungen des Sachenrechts nicht verwirklicht werden können. Es genügt, daß der Erwerber wirtschaftlich in eine entsprechende Lage versetzt wird.

II. Steuervergünstigungen.

Allgemeine Ausnahmen von der Besteuerung.

3. Von der Besteuerung sind ausgenommen:

1. der Erwerb eines Grundstücks, wenn der für die Berechnung der Steuer maßgebende Wert (§ 10) 200 Reichsmark nicht übersteigt;
2. der Grundstückserwerb von Todes wegen und Grundstückschenkungen unter Lebenden im Sinn des Erbschaftssteuergesetzes. Schenkungen unter eine Auflage sind nur soweit von der Besteuerung ausgenommen, als der Wert des Grundstücks (§ 12) den Wert der Auflage übersteigt;
3. der Erwerb eines zum Nachlaß gehörigen Grundstücks durch Miterben zur Teilung des Nachlasses. Den Miterben steht der überlebende Ehegatte gleich, wenn er mit den Er-

ben des verstorbenen Ehegatten gütergemeinschaftliches Vermögen zu teilen hat. Den Miterben stehen außerdem ihre Ehegatten gleich, wenn sie auf Grund bestehenden Güterstands das Grundstück ohne besondere rechtsgeschäftliche Übertragung miterwerben;

4. der Grundstückserwerb durch einen Ehegatten bei Begründung der ehelichen Gütergemeinschaft;
5. der Erwerb eines zum Gesamtgut gehörigen Grundstücks durch Teilnehmer an einer ehelichen oder fortgesetzten Gütergemeinschaft zur Teilung des Gesamtguts. Den Teilnehmern an der fortgesetzten Gütergemeinschaft stehen ihre Ehegatten gleich, wenn sie auf Grund bestehenden Güterstands das Grundstück ohne besondere rechtsgeschäftliche Übertragung miterwerben;
6. der Erwerb eines Grundstücks durch Personen, die mit dem Veräußerer in gerader Linie verwandt sind. Den Abkömmlingen stehen die durch Annahme an Kindes Statt Verbundenen, den Kindern die Stiefkinder gleich. Den Abkömmlingen stehen außerdem ihre Ehegatten gleich, wenn sie auf Grund bestehenden Güterstands das Grundstück ohne besondere rechtsgeschäftliche Übertragung miterwerben;
7. der Erwerb durch eine ausschließlich aus dem Veräußerer und seinen Abkömmlingen oder aus diesen allein bestehende Vereinigung. Die Sätze 2 und 3 der Ziffer 6 gelten entsprechend. Der Erwerb des Grundstücks unterliegt der

Steuer mit der Aufnahme eines Gesellschafters, der nicht zu den Abkömmlingen des Veräußerers gehört.

1. Allgemeines.

Die Befreiungsvorschriften gelten für alle Steuerfälle, daher beispielsweise auch für die Vereinigung und den Übergang aller Anteile einer Gesellschaft (§ 1 Abs. 3). Neben den Befreiungsvorschriften des Grunderwerbsteuergesetzes gelten weiter die Befreiungsvorschriften, die in anderen Reichsgesetzen oder -verordnungen enthalten sind. Eine erschöpfende Zusammenstellung dieser Vorschriften enthält Boruttau-Klein Seite 627 ff.

2. Die Befreiungen sind sachliche. Sie werden nicht gewährt, weil und insoweit bestimmte Personen an dem Erwerbsvorgang beteiligt sind, sondern weil bestimmte sachliche Voraussetzungen vorliegen. Das Gesetz kennt insbesondere keine Steuerbefreiung des Reichs, der Länder, Gemeinden, Partei usw.

3. Geringwertige Grundstücke (§ 3 Ziffer 1).

Die Gegenleistung oder der Einheitswert übersteigt 200 *RM* nicht. Das heißt also, daß Beträge an Steuer und Zuschlag bis 10 *RM* nicht erhoben werden.

4. Erbteilung (§ 3 Ziffer 2).

Nur die Erbteilung ist befreit. Wenn daher Miterben zum Zwecke der Erbteilung vereinbaren, daß sie ein zum Nachlaß gehöriges Grundstück künftighin in Bruchteilsgemeinschaft (Miteigentum nach Bruchteilen) besitzen wollen, ist diese Vereinbarung nach Ziffer 2 steuerfrei. Wenn sie aber später das Miteigentum nach Bruchteilen in Flächeneigentum umwandeln, so ist diese Umwandlung s t e u e r p f l i c h t i g, da die Erbteilung schon durch die Umwandlung in Bruchteilseigentum vorgenommen wurde; die bisherigen Miteigentümer genießen allerdings in diesem Fall die Steuervergünstigung des § 7 Absatz 1. Es tritt insoweit Steuerfreiheit ein, als sich die Beteiligung nicht ändert. Hinweis auf Anm. 4 zu § 7.

5. Verwandte in gerader Linie.

Es ist nunmehr auch der Erwerb der Enkel von den Großeltern und umgekehrt befreit usw.

Besondere Ausnahmen von der Besteuerung.

4. (1) Von der Besteuerung sind ausgenommen:

1. beim Kleinwohnungsbau im Sinn der Vorschriften über die Gemeinnützigkeit im Wohnungswesen:
   a) der Erwerb eines Grundstücks zur Schaffung von Kleinwohnungen durch ein Unternehmen, das als gemeinnütziges Wohnungsunternehmen oder als Organ der staatlichen Wohnungspolitik anerkannt ist (gemeinnützige Bauträger),
   b) der Erwerb eines Grundstücks, auf dem ein gemeinnütziger Bauträger Kleinwohnungen geschaffen hat, durch einen anderen gemeinnützigen Bauträger,
   c) der erste Erwerb eines von einem gemeinnützigen Bauträger geschaffenen Wohnhauses, das den für Kleinwohnungen geltenden Bestimmungen entspricht, durch eine Person, die das Hausgrundstück als Eigenheim übernimmt,
   d) der Rückerwerb und die Weiterveräußerung eines Eigenheims, das den für Kleinwohnungen geltenden Bestimmungen entspricht, durch den gemeinnützigen Bauträger, der das Eigenheim geschaffen hat;
2. beim Arbeiterwohnstättenbau:
   a) der Erwerb eines Grundstücks zur Schaffung von Arbeiterwohnstätten,

b) der erste Erwerb einer Arbeiterwohnstätte durch eine Person, die die Wohnstätte als Eigenheim übernimmt,

c) der Rückerwerb und die Weiterveräußerung einer von einem Gefolgschaftsmitglied eines Unternehmens übernommenen Arbeiterwohnstätte durch den Bauträger, der die Arbeiterwohnstätte geschaffen hat, sofern die Arbeiterwohnstätte nur für die Gefolgschaftsmitglieder des Unternehmens bestimmt ist,

d) der Erwerb und die Weiterveräußerung einer einem Kleinsiedler als Kleinsiedlung zugeteilten Arbeiterwohnstätte durch das Reich, durch den mit der Schaffung der Kleinsiedlerstelle betrauten Träger des Kleinsiedlungsvorhabens oder durch die Gemeinde (den Gemeindeverband), der die Verwaltung der Kleinsiedlung übertragen ist;

3. bei der Umlegung, bei sonstigen Maßnahmen zur besseren Gestaltung von Grundstücken und im Auseinandersetzungsverfahren:

a) der Erwerb eines Grundstücks im Umlegungsverfahren nach den für die Waldumlegung oder die Baulandumlegung geltenden Vorschriften, jedoch nicht der Erwerb durch einen Unternehmer, für dessen Unternehmen das Grundstück im Umlegungsverfahren bereitgestellt wird,

b) der freiwillige Austausch von Grundstücken zur Grenzverlegung, zur besseren Bewirtschaftung von zersplitterten oder unwirtschaftlich geformten land- oder forstwirtschaftlichen Grundstücken oder zur besseren Gestaltung von Bauland, wenn der Austausch von der zuständigen Behörde als zweckdienlich anerkannt wird,

c) der Erwerb eines Grundstücks im gesetzlich geregelten agrarrechtlichen oder forstrechtlichen Auseinandersetzungsverfahren (Beispiele: Ablösung, Gemeinheitsteilung);

4. bei öffentlichen Straßen, Plätzen und Grünanlagen:

a) der Erwerb eines Grundstücks zur Schaffung und Erweiterung von öffentlichen Straßen, öffentlichen Plätzen und öffentlichen Erholungs-, Wald- und sonstigen Grünanlagen,

b) der Erwerb eines Grundstücks, das den bezeichneten Zwecken dient, durch einen Erwerber, der das Grundstück zu denselben Zwecken weiterverwendet,

c) der Erwerb eines Grundstücks für den öffentlichen Bedarf durch eine Gemeinde, der der Veräußerer das Grundstück auf Grund einer Auflage nach dem Gesetz über die Aufschließung von Wohnsiedlungsgebieten unentgeltlich überträgt;

5. beim Übergang von Aufgaben:

der Erwerb eines Grundstücks durch das Reich, die Nationalsozialistische Deutsche Arbeiterpartei, durch ein Land, eine Gemeinde (Gemeindeverband) oder eine sonstige Körperschaft des öffentlichen Rechts, wenn das Grundstück aus Anlaß des Übergangs von

Aufgaben oder aus Anlaß von Grenzänderungen von der einen auf die andere Körperschaft übergeht;

6. beim Grundstückserwerb für diplomatische Zwecke:

der Erwerb eines Grundstücks durch einen fremden Staat, wenn das Grundstück für die Zwecke von Botschaften, Gesandtschaften oder Konsulaten dieses Staats bestimmt ist und Gegenseitigkeit gewährt wird. Über die Frage, ob und inwieweit Gegenseitigkeit gewährt wird, entscheidet der Reichsminister der Finanzen.

(2) Die im Absatz 1 Ziffer 1 Buchstabe a, Ziffer 2 Buchstabe a und Ziffer 4 Buchstabe a bezeichneten Erwerbsvorgänge unterliegen mit dem Ablauf von fünf Jahren der Steuer, wenn das Grundstück nicht innerhalb dieses Zeitraums zu dem begünstigten Zweck verwendet worden ist. Die in den Ziffern 1, 2 und 4 bezeichneten Erwerbsvorgänge unterliegen der Steuer mit der Aufgabe des begünstigten Zwecks, wenn der begünstigte Zweck innerhalb von fünf Jahren aufgegeben wird.

A. 1. Allgemeines. Hinweis auf Anm. 1 und 2 zu § 3.

B. 2. Kleinwohnungsbau im Sinne der Vorschriften über die Gemeinnützigkeit im Wohnungsbau.

Die Vorschriften sind:

a) Gesetz über die Gemeinnützigkeit im Wohnungswesen vom 29. 2. 1940 (RGBl. I, 438; RStBl. 309) abgekürzt: WGG. Siehe Anhang Ziffer 5.

b) VO. zur Durchführung des WGG. vom 23. 7. 1940 (RGBl. I, 1012), abgekürzt: WGGDV. Siehe Anhang Ziffer 6.

c) RdErlRdF. vom 26. 10. 1940 über die steuerliche

Behandlung der gemeinnützigen Wohnungsunternehmen (RStBl. 1940, 937).

Zu a. Das Gesetz ist am 1. 1. 1939 in Kraft getreten. Wohnungsunternehmen gelten nur dann als gemeinnützig, wenn sie auf Grund des Gesetzes anerkannt sind (§ 1). Ein Wohnungsunternehmen, das bei Inkrafttreten des Gesetzes sich als gemeinnützig bezeichnet hat oder von den Behörden als gemeinnützig behandelt worden ist, hat die Anerkennung auf Grund des Gesetzes bis zum 31. 3. 1941 zu beantragen. Bis dahin bleiben frühere Bescheinigungen über die Eigenschaft der Gemeinnützigkeit gültig (§ 31). Der Reichsarbeitsminister kann Unternehmen, an denen Reich oder Länder maßgebend beteiligt sind, und die von ihm zugelassenen Verbände als Organe der staatlichen Wohnungspolitik anerkennen (§ 28). Die gemeinnützigen Wohnungsunternehmungen und die Organe der staatlichen Wohnungspolitik faßt das Grunderwerbsteuergesetz unter dem Begriff „gemeinnützige Bauträger" zusammen. Die Anerkennung ist für die Steuerbehörden bindend. Die Steuerbehörden können aber die Entziehung beantragen (§ 19).

Zu b. Die Durchführungsverordnung erläutert und ergänzt einzelne Bestimmungen des Gesetzes.

Zu c. Der Runderlaß befaßt sich insbesondere mit der Mitwirkung der Behörden der Reichsfinanzverwaltung im Anerkennungs- und Entziehungsverfahren.

3. Kleinwohnungen.

Begriff: § 10 WGGDV.

4. Erwerb durch das Unternehmen.

Das Grundstück muß zur Schaffung von Kleinwohnungen erworben werden. Auf die Absicht des Erwerbers kommt es an. Fehlt die Absicht, dann keine Befreiung. Wird Absicht nicht verwirklicht, Besteuerung nach Maßgabe von Absatz 2. Überwachung § 11 GrEStDV.

5. Eigenheime.

RdErlRdF. vom 8. 8. 1940 (RStBl. S. 727): Für den Begriff des Eigenheims im Sinne von Buchstabe c und d sind die Vorschriften der VO. zur Förderung von Arbeiterwohnstätten vom 1. 4. 1937, RGBl. I S. 437, entsprechend anzuwenden.

Zu der VO. ist ErlRdF. vom 12. 5. 1937 (RStBl. Seite 610) ergangen. Dieser Erlaß ist jetzt durch RdErl. RdF. vom 1. 8. 1940 (RStBl. S. 769) ersetzt. Die Abweichungen gegenüber der Fassung vom 12. 5. 1937 sind im Abdruck des RStBl. gekennzeichnet.

Eigenheime sind nach der VO. Einfamilienhäuser, die vom Eigentümer mindestens zur Hälfte selbst bewohnt werden (§ 9 Abs. 3 VO.). Der Charakter als Eigenheim geht also nicht dadurch verloren, daß eine Einliegerwohnung eingebaut ist. Der Begriff Einliegewohnung ist nicht erläutert. Für die Auslegung wohl § 2 der VO. zur Ausführung des Reichsheimstättengesetzes vom 19. 7. 1940 (RGBl. I S. 1027) entsprechend anwendbar.

6. Rückerwerb und Weiterveräußerung durch den Bauträger ist ebenfalls von der Steuer befreit. Auch Rückerwerb und Weiterveräußerung eines schon nach Buchstabe c steuerfrei abgegebenen Eigenheims durch den Bauträger, der das Eigenheim geschaffen hat (Buchstabe d). Es ist auch möglich, daß ein anderer gemeinnütziger Bauträger das Eigenheim zurückerwirbt und weitergibt. Wiederum Befreiung nach Buchstabe b und d. Die Steuerfreiheit wird durch die fehlende Personengleichheit zwischen Erbauer und Rückerwerber nicht berührt. So Boruttau-Klein Anm. 5 a. E. zu § 4.

C. 7. Arbeiterwohnstätten.

Begriff: Nach § 12 GrEStDV. sind Arbeiterwohnstätten die in der VO. über Förderung von Arbeiterwohnstätten vom 1. 4. 1937 (RGBl. I, 437) bezeichneten Wohnstätten. Gemäß §§ 1 und 2 der VO. gelten als Arbeiterwohnstätten:

a) Kleinsiedlungen,
Volkswohnungen,
Heuerlings- und Werkwohnungen, sowie Eigenheime für ländliche Arbeiter und Handwerker,

die auf Grund von Bestimmungen der Reichsregierung gefordert werden;

b) vom Oberfinanzpräsidenten anerkannte Wohnstätten.

8. Wird die Steuerbefreiung in Anspruch genommen, so läßt sich das Finanzamt den Bescheid der Bewilligungs- und Anerkennungsbehörde oder bei vom Oberfinanzpräsidenten anerkannten Vorschriften den Bescheid des Oberfinanzpräsidenten vorlegen. Ein Verzeichnis der in den verschiedenen Ländern zuständigen Bewilligungs- und Anerkennungsbehörden ist dem oben unter 5 angeführten ErlRdF. vom 12. 5. 1937 (RStBl. S. 610) als Anlage 1 beigefügt.

Bestehen gegen den Bescheid einer Bewilligungs- oder Anerkennungsbehörde Bedenken, so kann Oberfinanzpräsident Nachprüfung bei höherer Verwaltungsbehörde anregen. Bis zur Abänderung des Bescheids ist der Bescheid für den Nachweis, daß es sich um eine Arbeiterwohnstätte handelt, maßgebend und genügend (§ 1 Abs. 2 der VO. vom 1. 4. 1937).

9. Begriff des Arbeiters.

Die Verordnung vom 1. 4. 1937 über Förderung von Arbeiterwohnstätten sieht bewußt davon ab, den Begriff des Arbeiters oder der Arbeiterschaft näher zu umschreiben; es sollen nicht Personenkreise einbezogen werden, die zwar ihrer Beschäftigung nach als Arbeiter anzusehen sind, aber nach ihrer Lohnhöhe nicht auf Arbeiterwohnstätten angewiesen sind; andererseits sollen Kleingewerbetreibende, Sozialrentner, gering entlohnte Angestellte und Beamte der untersten Besoldungsgruppen nicht ausgeschlossen sein (ErlRdF. vom 12. 5. 1937, Erläuterungen zu § 12 unter d).

10. Der Erwerb einer Arbeiterwohnstätte durch eine Person, die das Grundstück als Eigenheim übernimmt.

Zum Begriff des Eigenheims siehe oben Anm. 5.

11. Rückerwerb und Weiterveräußerung sind nur befreit, wenn sie sich zugunsten der Gefolgschaft eines Betriebes vollziehen (Begründung).

12. Begünstigt sind nur die auf Grund von Bestimmungen der Reichsregierung geförderten und die vom Oberfinanzpräsidenten anerkannten Arbeiterwohnstätten. Das Nähere über diese Arbeiterwohnstätten ist daher dort zu finden, wo die Voraussetzungen für die Förderung und

insbesondere für Reichsbeihilfen und Reichsbürgschaften geregelt sind.

Es handelt sich im einzelnen um folgende Bestimmungen:

a) VO. vom 1. 4. 1937 über Förderung von Arbeiterwohnstätten, RStBl. S. 481;

b) RdErlRdF. vom 12. 5. 1937 und 1. 8. 1940 (RStBl. 1937 S. 610 und 1940 S. 769) zur Erläuterung der Verordnung;

c) für Kleinsiedlungen:

Bestimmungen vom 14. 9. 1937 (RABl. I S. 227) nebst Änderungen vom 23. 12. 1938 (RABl. 1939 I S. 13) und Erlaß des Reichsarbeitsministers vom 4. 3. 1940 (RABl. I S. 128). Hinweis auf ErlRdF. vom 11. 12. 1940 abgedruckt im Anhang unter Ziffer 7;

d) für Volkswohnungen:

Erlaß des Reichsarbeitsministers vom 1. 7. 1939 (RABl. I S. 326) und die zu seiner Durchführung ergangenen Anordnungen. Die Anordnungen sind nun zusammengestellt im RdErl. des Reichsarbeitsministers vom 21. 7. 1940 (RABl. I S. 406).

Volkswohnungen sind nach dem Erlaß billige Kleinwohnungen, die in erster Linie für Familien mit geringem Einkommen bestimmt sind. Erstellungskosten je Wohnung nicht mehr als 5000 RM usw.;

e) für Heuerlingswohnungen, Werkwohnungen und Eigenheime für ländliche Arbeiter und Handwerker:

VO. vom 10. 3. 1937 (RGBl. I, 292) und die Durchführungsverordnungen vom 7. 4.1937 (RGBl. I, 444), 27. 1. 1938 (RGBl. I, 107) und 30. 3. 1940 (RGBl. I, 605).

Durchführungsvorschriften über die Förderung des Landarbeiterwohnungsbaues vom 4. 4. 1938 (RABl. I S. 119);

f) die vom Oberfinanzpräsidenten anerkannten Arbeiterwohnstätten wurden auf Grund der vorhergehenden Feststellungen durch Reichsbürgschaftsausschuß oder den zuständigen Landesbürgschaftsausschuß, daß die in § 2 der VO. gestellten Bedingungen erfüllt sind, anerkannt. Das maßgebende Recht dieser Arbeiterwohnstätten ergibt sich sohin aus § 2 der VO. und den Grundsätzen der Bürgschaftsausschüsse.

D. 13. Umlegung usw.

a) Reichsumlegungsordnung vom 16. 6. 1937 RGBl. I, 629. Durch sie wird das öffentlich-rechtliche Umlegungsverfahren geregelt.

b) Freiwilliger gegenseitiger Austausch von Grundstücken, um sie besser bewirtschaften zu können, ist ebenfalls befreit. Dabei können Spitzenbeträge auch in Geld abgegolten werden. Die Befreiung setzt aber hier voraus, daß die nach Landesrecht zuständige Behörde den Austausch als zweckdienlich anerkennt.

E. 14. Öffentliche Straßen, Plätze, Grünanlagen. Maßgebend ist die Zweckbestimmung zur Zeit des Erwerbsvorgangs.

Das Grundstück muß dem begünstigten Zweck unmittelbar dienen. Nicht befreit daher zum Beispiel der Erwerb eines Grundstücks, um für einen auf der öffentlichen Straße tätigen Aufseher ein Wohnhaus zu erbauen.

Tausch: Nur der Erwerb des Grundstücks, das dem öffentlichen Zweck dient, ist befreit, nicht also auch der Erwerb des anderen Grundstücks, das keinem begünstigten Zweck dient.

15. Öffentlichkeit: Die Grundstücke müssen einem nicht näher umschriebenen Personenkreis, der Allgemeinheit zur Verfügung stehen.

Unentgeltlichkeit der Benutzung nicht erforderlich. Es können Gebühren erhoben werden.

Öffentlichkeit ist nicht gegeben, wenn nur ein irgendwie begrenzter Teil der Bevölkerung Zutritt hat.

16. Die Anlagen sind dazu bestimmt, der Allgemeinheit Erholung im Freien zu gewähren. Geschlossene Räume kommen daher als Erholungsanlagen nie in Betracht.

F. 17. Wichtig ist, daß bei Nichterfüllung des Zwecks oder bei Aufgabe des Zwecks die Steuerpflicht nach näherer Maßgabe von Absatz 2 eintritt. Überwachung § 11 GrEStDV.

Übergang auf eine Gesamthand.

5. (1) Geht ein Grundstück von mehreren Miteigentümern auf eine Gesamthand (Gemeinschaft zur gesamten Hand) über, so wird die Steuer nicht erhoben, soweit der Anteil des einzelnen am Vermögen der Gesamthand Beteiligten seinem Bruchteil am Grundstück entspricht.

(2) Geht ein Grundstück von einem Alleineigentümer auf eine Gesamthand über, so wird die Steuer in Höhe des Anteils nicht erhoben, zu den der Veräußerer am Vermögen der Gesamthand beteiligt ist.

1. Allgemeines. Die §§ 5, 6 und 7 behandeln besondere Änderungen der Eigentumsverhältnisse. Bürgerlichrechtlich liegt hier eine Veräußerung des Grundstücks vor. Der Übergang aus dem Vermögen des oder der bisherigen Eigentümer in das Vermögen der Gesamthand usw. erfordert Auflassung und Eintragung im Grundbuch. Deshalb müßte die volle Grunderwerbsteuer bezahlt werden. Das Gesetz berücksichtigt aber, daß durch diese Änderungen der Eigentumsverhältnisse der wirtschaftliche Inhalt der Rechte am Grundstück so lange nicht berührt wird, als nicht der einzelne mehr erhält als bisher. Deshalb: Die Steuer ist nur insoweit zu entrichten, als ein Beteiligter (bisheriger Gesamthänder oder Miteigentümer) wertmäßig mehr erhält als ihm auf Grund seiner bisherigen Beteiligung oder nach der vereinbarten Auseinandersetzungsquote zusteht. Ein bisher am Grundstück Nichtbeteiligter muß mit seinem ganzen Anteil, den er an der erwerbenden Gesamthand oder Miteigentümergemeinschaft erwirbt, zur Grunderwerbsteuer herangezogen werden. (Näheres in Anmerkung 4.) Ein bisheriger Alleineigentümer bleibt mit seinem neuen Anteil an der Gesamthand oder an der Bruchteilsgemeinschaft steuerfrei, da insoweit wirtschaftlich kein Umsatz stattfindet.

2. § 5 regelt die Steuer für den Übergang auf eine Gesamthand und zwar Absatz 1 für den Übergang von mehreren Miteigentümern und Absatz 2 für den Übergang von einem Alleineigentümer.

3. Gemeinschaften zur gesamten Hand sind: die offene Handelsgesellschaft, die Kommanditgesellschaft, die Gesellschaft des bürgerlichen Rechts, die Erbengemeinschaft, die eheliche Gütergemeinschaft und die fortgesetzte Gütergemeinschaft. Bei Erbengemeinschaft, ehelicher Gütergemeinschaft und fortgesetzter Gütergemeinschaft aber beachten, daß der Übergang von Grundstücken nach Maßgabe von § 3 Ziffern 2, 3 und 5 weitgehend von der Grunderwerbsteuer befreit ist.

Miteigentum: §§ 1008—1011 BGB.

4. Der Erwerb eines Dritten, der an der Gesamthand neu beteiligt wird, ohne daß er Miteigentümer des Grundstücks war, ist nach den allgemeinen Vorschriften zu besteuern.

Beispiele: a) A und B Miteigentümer an einem Grundstück zu je $1/2$. Sie übertragen das Grundstück auf eine von ihnen unter Beteiligung des C gegründete offene Handelsgesellschaft. A, B und C sind Gesellschafter zu je $1/3$. Dann wird die Steuer für den Eigentumsübergang nur in Höhe des Anteils C = $1/3$ erhoben.

b) A, B, C, D Miteigentümer nach Bruchteilen zu je $1/4$. Sie gründen eine offene Handelsgesellschaft, an der A und D zu je $1/6$ und C und D zu je $2/6$ beteiligt sind und übertragen auf sie das Grundstück. Eine Grunderwerbsteuer ist zu entrichten nur von $2/12$, m. W. zwei Zwölfteln. Denn nur die Anteile von C und D am Vermögen der offHG. gehen über ihre Bruchteile am Grundstück hinaus: C und D je $1/4 = 3/12$; jetzt erhalten sie je $2/6 = 4/12$, sohin um $1/12$ mehr als bisher. Von diesem Betrag wird die Steuer erhoben.

Übergang von einer Gesamthand.

6. (1) Geht ein Grundstück von einer Gesamthand in das Miteigentum mehrerer an der Gesamthand beteiligten Personen über, so wird die Steuer nicht erhoben, soweit der Bruchteil, den der einzelne Erwerber erhält, dem Anteil entspricht, zu dem er am Vermögen der Gesamthand beteiligt ist. Wird ein Grundstück bei Auflösung der Gesamthand übertragen, so ist die Auseinandersetzungsquote maßgebend, wenn die Beteiligten für den Fall der Auflösung der Gesamthand eine vom Beteiligungsverhältnis abweichende Auseinandersetzungsquote vereinbart haben.

(2) Geht ein Grundstück von einer Gesamthand in das Alleineigentum einer an der Gesamthand beteiligten Person über, so wird die Steuer in Höhe des Anteils nicht erhoben, zu dem der Erwerber am Vermögen der Gesamthand beteiligt ist. Geht ein Grundstück bei der Auflösung der Gesamthand in das Alleineigentum eines Gesamthänders über, so gilt Absatz 1 Satz 2 entsprechend.

(3) Die Vorschriften des Absatz 1 gelten entsprechend beim Übergang eines Grundstücks von einer Gesamthand auf eine andere Gesamthand.

(4) Die Vorschriften der Absätze 1 bis 3 gelten insoweit nicht, als ein Gesamthänder — im Fall der Erbfolge sein Rechtsvorgänger — innerhalb von fünf Jahren vor dem Erwerbsvorgang seinen Anteil an der Gesamthand durch Rechtsgeschäft unter Lebenden erworben hat. Die Vorschriften der Absätze 1 bis 3 gelten außerdem insoweit nicht, als die vom Beteiligungsverhältnis abweichende Auseinandersetzungsquote innerhalb der letzten 5 Jahre vor der Auflösung der Gesamthand vereinbart worden ist.

1. Allgemeines. Siehe Anm. 1 zu § 5.

2. § 6 regelt:

a) Die Steuer für den Übergang von einer Gesamthand in das Miteigentum der bisherigen Gesamthänder und in das Alleineigentum eines bisherigen Gesamthänders (Absätze 1 und 2);

b) die Steuer für den Übergang von einer Gesamthand auf eine andere Gesamthand an der die bisherigen Gesamthänder beteiligt sind (Absatz 3).

3. Gemeinschaften zur gesamten Hand und Miteigentum. Hinweis auf Anm. 3 zu § 5.

4. Wegen des Erwerbs eines Dritten, der an dem Grundstück neu als Miteigentümer beteiligt wird, ohne daß er an der Gesamthand beteiligt war: Hinweis auf Anm. 4 zu § 5. Die Steuer für den Übergang des Grundstücks wird in Höhe des Anteils des Dritten erhoben.

5. Anteil oder Auseinandersetzungsquote. Die Steuerfreiheit wird nach Maßgabe des bisherigen Anteils des Erwerbers oder der abweichend vom Anteil (Beteiligungsverhältnis) vereinbarten Auseinandersetzungsquote gewährt. Der Anteil (Beteiligungsverhältnis) ist bei den Gesellschaften gleich dem Kapitalanteil im Sinn von §§ 120, 167 ff. HGB., 733 ff. BGB.

Ist im Gesellschaftsvertrag eine vom Gesellschaftsanteil abweichende Auseinandersetzungsquote vereinbart, so ist nach dieser Quote zu beurteilen, ob ein Gesellschafter mehr erhält als ihm bisher zukam.

Bei Gütergemeinschaften und Erbengemeinschaften sind die nach den gesetzlichen Teilungsvorschriften errechneten Anteile maßgebend. Hinweis auf §§ 1476, 1498, 1503, 2047, 2048 BGB.

6. Der Anteil darf nicht erst in den letzten fünf Jahren vor dem Übergang des Grundstücks durch Rechtsgeschäft unter Lebenden erworben oder erhöht worden sein. Andernfalls Steuerpflicht. Die Auseinandersetzungsquote darf nicht erst in den letzten fünf Jahren vor der Auflösung vereinbart oder erhöht worden sein. Andernfalls ist das Beteiligungsverhältnis maßgebend (Absatz 4).

Durch diese Regelung soll eine Steuerumgehung verhütet werden. Wenn die Änderung der Beteiligung oder der Auseinandersetzungsquote oder der Anteilserwerb mehr als fünf Jahre zurückliegt, nimmt der Gesetzgeber an, daß keine Steuerersparnis beabsichtigt war. Es ergibt sich daher, daß die Gesellschaft mindestens fünf Jahre bestanden haben muß, wenn die Steuerbegünstigung in Anspruch genommen werden will.

7. Ein Übergang von einer Gesamthand auf eine andere Gesamthand liegt nicht vor, wenn eine Gesellschaft umgewandelt wird, da hier die Rechtspersönlichkeit die gleiche bleibt.

Umwandlung von gemeinschaftlichem Eigentum in Flächeneigentum.

7. (1) Wird ein Grundstück, das mehreren Miteigentümern gehört, von den Miteigentümern flächenweise geteilt, so wird die Steuer nicht erhoben, soweit der Wert des Teilgrundstücks, das er einzelne Erwerber erhält, dem Bruchteil entspricht, zu dem er am gesamten zu verteilenden Grundstück beteiligt ist.

(2) Wird ein Grundstück, das einer Gesamthand gehört, von den an der Gesamthand beteiligten Personen flächenweise geteilt, so wird die Steuer nicht erhoben, soweit der Wert des Teilgrundstücks, das der einzelne Erwerber erhält, dem Anteil entspricht, zu dem er am Vermögen der Gesamthand beteiligt ist. Wird ein Grundstück bei der Auflösung der Gesamthand flächenweise geteilt, so ist die Auseinandersetzungsquote maßgebend, wenn die Beteiligten für den Fall der Auflösung der Gesamthand eine vom Beteiligungsverhältnis abweichende Auseinandersetzungsquote vereinbart haben.

(3) Die Vorschriften des Absatzes 2 gelten insoweit nicht, als ein Gesamthänder — im Fall der Erbfolge sein Rechtsvorgänger — seinen Anteil an der Gesamthand innerhalb von fünf Jahren vor der Umwandlung durch Rechtsgeschäft unter Lebenden erworben hat. Die Vorschrift des Absatzes 2 Satz 2 gilt außerdem insoweit nicht, als die vom Beteiligungsverhältnis abweichende Auseinandersetzungsquote innerhalb der letzten fünf Jahre vor der Auflösung der Gesamthand vereinbart worden ist.

1. Allgemeines. Hinweis auf Anm. 1 und 4 bei § 5.

Es liegt hier wie in den Fällen der §§ 5 und 6 eine Änderung der Eigentumsverhältnisse vor. Die Steuer ist auch hier nur insoweit zu entrichten, als ein Miteigentümer oder Gesamthänder mehr erhält als ihm auf Grund seiner Miteigentümerbeteiligung oder Gesamthandbeteiligung zusteht.

2. Beispiel: A und B Miteigentümer zu 1/2. A übernimmt 3/4 der Grundfläche, B 1/4 der Grundfläche. Es ist zu erheben: 1/4 der Steuer vom Erwerb des A, da dieser um 1/4 mehr erhält als ihm in der Bruchteilsgemeinschaft zustand. Der Erwerb des B ist steuerfrei, da er weniger erhält, als ihm in der Bruchteilsgemeinschaft zustand.

3. Wegen Absatz 3 Hinweis auf Anm. 6 zu § 6.

4. Die Beteiligten an einer Gesamthandgemeinschaft insbesondere an einer Erbengemeinschaft wandeln häufig in Bruchteilseigentum um, damit die Gesamthand zunächst einmal beseitigt wird. Wenn diese Umwandlung zur Teilung des Nachlasses oder Gesamtguts geschicht, ist sie von der Grunderwerbsteuer nach § 3 Ziffer 3, 5 GrEStG. befreit. Wird dann aber das Bruchteilseigentum in Flächeneigentum umgewandelt, so kommt nur mehr die Steuerbegünstigung des § 7 Absatz 1 in Frage. Die

Befreiungsvorschrift des § 3 Ziffer 3 und 5 ist nicht mehr anwendbar, da die Teilung schon durch die Begründung des Bruchteilseigentums vorgenommen wurde. Hinweis auf Anmerkung 4 zu § 3.

Erwerb durch Kriegsbeschädigte.

8. (1) Erwirbt ein Kriegsbeschädigter allein oder gemeinschaftlich mit seiner Ehefrau ein Grundstück mit Hilfe einer Kapitalabfindung, die ihm mit Rücksicht auf seine Kriegsbeschädigung nach den Vorschriften des Reichsversorgungsrechts gewährt wird, so wird die Steuer nicht erhoben, soweit der für ihre Berechnung maßgebende Wert (§ 10) den fünfzehnfachen Betrag der Kapitalabfindung nicht übersteigt.

(2) Die gleiche Steuervergünstigung wird gewährt, wenn die Witwe eines gefallenen oder infolge einer Kriegsbeschädigung verstorbenen Kriegsteilnehmers ein Grundstück mit Hilfe einer Kapitalabfindung erwirbt, die ihr mit Rücksicht auf den Tod ihres Ehemanns nach den Vorschriften des Reichsversorgungsrechs gewährt wird.

(3) Die in den Absätzen 1 und 2 bezeichnete Steuervergünstigung tritt auch dann ein, wenn dem Kriegsbeschädigten oder der Witwe des Kriegsteilnehmers die von ihnen beantragte Kapitalabfindung nicht zur Verfügung gestellt werden kann, obwohl die Voraussetzungen für die Kapitalabfindung vorliegen.

(4) Die Vorschriften der Absätze 1 und 3 gelten entsprechend für den Erwerb eines Grundstücks durch eine Person, die wegen einer Beschädigung

bei besonderem Einsatz im Sinn des Einsatzfürsorge- und -versorgungsgesetzes versorgt wird.

(5) Die Vorschriften der Absätze 1 bis 3 sind entsprechend anzuwenden auf den Erwerb eines Grundstücks durch eine Person, die nach dem Gesetz über die Versorgung der Kämpfer für die nationale Erhebung versorgt wird.

(6) Die Steuervergünstigung gilt nur, wenn die für die Bewilligung der Kapitalabfindung zuständige Behörde versichert, daß die in den Absätzen 1 bis 5 bezeichneten tatsächlichen Voraussetzungen erfüllt sind.

1. Allgemeines. § 8 ist nur auf die ausdrücklich erwähnten Fälle anzuwenden; keine ausdehnende Auslegung. Veräußert der Steuerbegünstigte das Grundstück weiter und verwendet er den Erlös zum Erwerb eines anderen Grundstücks, so ist der zweite Erwerb nicht nach § 8 steuerlich begünstigt, sondern unterliegt der Grunderwerbsteuer nach den allgemeinen Bestimmungen.

2. Die Steuervergünstigung setzt voraus
- a) eine bestimmte Art von Körperbeschädigung oder Todesfall;
- b) eine Kapitalabfindung nach bestimmten Versorgungsgesetzen wegen dieser Körperbeschädigung oder wegen dieses Todesfalls;
- c) oder daß, wenn die Kapitalabfindung mangels entsprechender Mittel nicht zur Verfügung gestellt werden kann, die Voraussetzungen für eine Kapitalabfindung nach den bestimmten Versorgungsgesetzen vorliegen;
- d) die Bestätigung der Versorgungsbehörde über das Vorliegen der Voraussetzungen unter a mit c.

3. Die Versorgungsgesetze sind:

A. a) das Kapitalabfindungsgesetz für Offiziere vom 26. 7. 1918 (RGBl. S. 994),

b) das Reichsversorgungsgesetz vom 12. 5. 1920 i. d. F. vom 1. 4. 1939 (RGBl. I, 663) geändert durch das Gesetz vom 29. 4. 1940 (RGBl. I, 687).

Diese zwei Gesetze versteht man unter dem Begriff des Reichsversorgungsrechts (Absatz 1). Es gilt für die Kriegsbeschädigten der alten Wehrmacht. Nicht gehört dazu das Wehrmachtfürsorge- und -versorgungsgesetz vom 26. 8. 1938, RGBl. I, 1077.

B. Das Einsatzfürsorge- und -versorgungsgesetz vom 6. 7. 1939 (RGBl. I, 1217) mit Durchführungsbestimmungen vom 17. 10. 1939 (RGBl. I, 2044) und VO. zur Ergänzung des Gesetzes vom 23. 2. 1940 (RGBl. I, 417).

Dieses Gesetz kennt eine Kapitalabfindung der Hinterbliebenen nicht. Deshalb ist in Absatz 4 des § 8 bestimmt, daß nur die Vorschriften der Absätze 1 und 3, nicht auch 2, anzuwenden sind.

Der Führer und Oberste Befehlshaber der Wehrmacht bestimmt, wer als Teilnehmer an einem besonderen Einsatz und welche Unternehmung als besonderer Einsatz anzusehen ist. (§ 33 des Gesetzes.)

Der Teilnehmer muß die Beschädigung bei dem besonderen Einsatz erlitten haben.

Das Gesetz gilt nur für die ehemaligen Angehörigen der neuen Wehrmacht und die in § 68 des Wehrmachtfürsorge- und -versorgungsgesetzes genannten Zivilpersonen, die eine Beschädigung bei besonderem Einsatz erlitten haben und nach dem Wehrmachtsfürsorge- und -versorgungsgesetz versorgt werden. Im einzelnen zu vergleichen: §§ 197 ff., 68, 201 des Wehrmachtfürsorge- und -versorgungsgesetzes, Erlaß des Führers vom 1. 8. 1939, RGBl. I, 1335, Personenschadenverordnung vom 1. 9. 1939, RGBl. I, 1623, VO. zum Einsatzfürsorge- und -versorgungsgesetz vom 7. 7. 1939, RGBl. I, 1224, Erste DurchführungsVO. zum Luftschutzgesetz vom 1. 9. 1939, RGBl. I, 1631, Erste DurchführungsVO. zur NotdienstVO. vom 15. 9. 1939, RG.-Bl. I, 1775.

C. das Gesetz über die Versorgung der Kämpfer für die nationale Erhebung vom 27. 2. 1934 (RGBl. I

S. 133). Gilt für Ostmark (§ 1 Ziffer 3 VO. über die Versorgung der Kriegsbeschädigten und Kriegshinterbliebenen im Lande Österreich vom 28. 2. 1939, RGBl. I, 422) und für die sudetendeutschen Gebiete (§ 1 des Gesetzes über den Ersatz der durch den Kampf um die Wiedervereinigung .... verursachten .... Schäden vom 20. 10. 1939, RGBl. I, 2119 und VO. vom 20. 6. 1940, RGBl. I S. 889). Die Kämpfer werden unter entsprechender Anwendung des Reichsversorgungsgesetzes versorgt (§ 1 des Gesetzes).

Erwerb zur Rettung eines Grundpfandrechts.

9. (1) Erwirbt ein Grundpfandgläubiger in der Zwangsversteigerung zur Rettung seines Rechts das mit dem Pfandrecht belastete Grundstück, so wird die Steuer nicht erhoben, wenn die folgenden Voraussetzungen erfüllt sind.

1. die Gegenleistung (§ 11 Absatz 1 Ziffern 4 und 5) muß mindestens achtzig vom Hundert des Werts des Grundstücks (§ 12) betragen. Sind dem Grundpfandgläubiger die Rechte aus dem Meistgebot abgetreten, so ist der Gegenleistung (§ 11 Absatz 1 Ziffer 5) der durch das Meistgebot nicht gedeckte Anspruch des Grundpfandgläubigers hinzuzurechnen, soweit die Gesamtleistung den Wert des Grundstücks (§ 12) bei der Abgabe des Meistgebots nicht übersteigt; das Pfandrecht, das durch den Erwerb des Grundstücks gerettet werden soll, wird dabei höchstens mit dem Betrag angesetzt, den der Pfandgläubiger für den Erwerb des Rechts aufgewandt hat;
2. das Meistgebot einschließlich der Rechte, die nach den Versteigerungsbedingungen bestehen

bleiben, darf den Betrag, den der Pfandgläubiger für den Erwerb des Pfandrechts aufgewandt hat, und die dem Pfandrecht im Rang vorhergehenden Rechte (Beispiel: Kosten des Verfahrens, Pfandrechte nebst Zinsen) nicht übersteigen. Vorhergehende Rechte dritter Personen, die in der Zwangsversteigerung ausgefallen sind, bleiben unberücksichtigt;

3. es darf kein Anhalt bestehen, daß der Pfandgläubiger das Pfandrecht zur Ersparung von Abgaben bei dem beabsichtigten Erwerb des Grundstücks erworben hat.

(2) Die Steuer wird nacherhoben, wenn der Erwerber oder sein Erbe das Grundstück innerhalb von fünf Jahren seit dem Erwerbsvorgang zu einem Entgelt weiterveräußert, das die beim Erwerbsvorgang angesetzte Gegenleistung (§ 11 Absatz 1 Ziffern 4 und 5) übersteigt. Sind dem Grundpfandgläubiger die Rechte aus dem Meistgebot abgetreten, so ist der Gegenleistung (§ 11 Absatz 1 Ziffer 5) der durch das Meistgebot nicht gedeckte Anspruch des Grundpfandgläubigers hinzuzurechnen, soweit die Gesamtleistung den Wert des Grundstücks (§ 12) bei der Abgabe des Meistgebots nicht überstieg; das Pfandrecht, das durch den Erwerb des Grundstücks gerettet werden sollte, wird dabei höchstens mit dem Betrag angesetzt, den der Pfandgläubiger für den Erwerb des Rechts aufgewandt hat. Hat der Erwerber oder sein Erbe Aufwendungen für Bauten, Umbauten und sonstige dauernde Verbesserungen des Grundstücks gemacht, so ist ihr Wert der Gegenleistung hinzuzurechnen, soweit die

Verbesserungen bei der Weiterveräußerung noch vorhanden sind. Die Steuer wird jedoch in allen Fällen nur insoweit nacherhoben, als sie aus der Hälfte des Mehrerlöses gedeckt werden kann.

(3) Die Absätze 1 und 2 gelten sinngemäß, wenn ein Grundpfandgläubiger zur Rettung seines Rechts das mit dem Pfandrecht belastete Grundstück durch Kaufvertrag erwirbt.

(4) Grundpfandrechte sind Hypotheken, Grundschulden, Rentenschulden und Reallasten.

(5) Grundpfandgläubiger sind Hypothekengläubiger, Grundschuldgläubiger, Rentenschuldgläubiger und Reallastgläubiger. Einem Grundpfandgläubiger steht gleich,

1. wer ein Grundpfandrecht zum Zweck der Sicherung einem anderen abgetreten hat,
2. wer ein Pfandrecht an einem Grundpfandrecht hat,
3. wer Bürgschaft für eine einem Grundpfandrecht zugrunde liegende Verbindlichkeit übernommen hat.

1. Allgemeines. § 9 erleichtert dem Grundpfandgläubiger, der zur Rettung seines Grundpfandrechts das Grundstück erwerben muß, den Erwerb des Grundstücks. Die Steuerbefreiung fällt aber weg, wenn sich nachträglich zeigt, daß der Erwerb für den Grundpfandgläubiger ein gutes Geschäft war.

2. Grundpfandgläubiger: nur die in Absatz 5 aufgeführten Personen.

3. Erwerb in der Zwangsversteigerung und freihändiger Erwerb ist gleichbegünstigt. Der Erwerber hat in beiden Fällen einen Rechtsanspruch auf die Steuerbefreiung, der im Rechtsmittelverfahren geltend gemacht werden kann.

a) Erwerb in der Zwangsversteigerung: § 1 Absatz 1 Ziffern 4, 5 und 7. Sowohl das Meistgebot als auch die Abtretung der Rechte aus dem Meistgebot ist befreit.

b) Freihändiger Erwerb: durch Kaufvertrag. Der Kauf ist gleichbegünstigt, um zu verhindern, daß ein Grundstück zwangsversteigert wird, nur um die Steuervergünstigung zu erreichen. Der freihändige Erwerb ist aber nicht etwa gegenüber dem Erwerb in der Zwangsversteigerung begünstigt; es müssen daher alle Voraussetzungen des Absatz 1 gegeben sein. Absatz 3 erwähnt nur Kaufverträge. Er gilt aber „sinngemäß auch für sonstige Verträge, durch die ein Grundpfandgläubiger zur Rettung seines Grundpfandrechts das Grundstück erwirbt" (Boruttau-Klein Anm. 15 Absatz 2 zu § 9).

4. Erwerb zur Rettung heißt, daß der Erwerb zur Rettung eines gefährdeten Rechts notwendig und beabsichtigt war. Hauptzweck des Erwerbs muß die Rettung des Grundpfandrechts, nicht der Erwerb des Gundstücks sein. Vgl. dazu auch das bei Anm. 5 zu c Ausgeführte: wenn das Grundpfandrecht in der Absicht der Steuerersparnis erworben wurde, gibt es keinen Rettungserwerb mehr. In diesem Fall steht fest, daß der Erwerb des Grundstücks nicht zur Rettung des so erworbenen Grundpfandrechts dient.

Der Grundpfandgläubiger muß sich durch Ausbieten oder Erwerb des Grundstücks einen Ersatz für sein untergegangenes Recht suchen; zunächst durch Teilnahme am Gebot ein entsprechendes, ihn deckendes Gebot erzielen und, wenn er durch das Gebot eines Dritten keine oder nur ungenügende Deckung erhalten würde, das Grundstück einsteigern. Fraglich z. B. Rettungserwerb in folgendem Fall: Brauerei stundet Gastwirt fortlaufend Biergelder gegen hypothekarische Sicherung; Hypotheken übersteigen Einheitswert weit; schließlich steigert Brauerei das Grundstück ein. Hier wahrscheinlich, daß die Brauerei nicht mehr zur Rettung ihres Rechts, sondern aus Erwerbsabsichten eingesteigert hat. Denn für die längst nicht mehr gedeckten Hypotheken gab es keine Rettung mehr. Hier bestand wohl von Anfang an die Absicht, zunächst die wirtschaftliche Macht und dann auch die rechtliche Verfügungsmacht über das Grundstück zu erhalten.

Die Steuerbefreiung setzt aber neben der Rettungsabsicht voraus

1. daß die Gegenleistung einen Mindestbetrag erreicht (Absatz 1 Ziffer 1);
2. daß das Meistgebot einen Höchstbetrag nicht übersteigt (Absatz 1 Ziffer 2);
3. daß keine Absicht, Steuern zu ersparen, vorliegt.

5. Die Voraussetzungen im einzelnen.

Gegenleistung und Meistgebot werden an Vergleichsbeträgen gemessen und müssen in einem bestimmten Verhältnis zu diesen Vergleichsbeträgen bestehen.

a) Vergleichsbetrag für die Gegenleistung ist der Einheitswert des Grundstücks. Die Gegenleistung muß 80 v. H. des Einheitswerts erreichen.

Wegen der Gegenleistung beim Erwerb in der Zwangsversteigerung Hinweis auf § 11 Absatz 1 Ziffer 4, 5 und Absätze 2 und 3.

b) Vergleichsbetrag für das Meistgebot sind die dem Pfandrecht im Rang vorgehenden Rechte und der Betrag, den der Pfandgläubiger für den Erwerb des Pfandrechts aufgewendet hat. §§ 10 Absatz 1, 92, 52 Absatz 2 Zwangsversteigerungsgesetz, § 9 Einführungsgesetz zum Zwangsversteigerungsgesetz.

Bei den vorgehenden Rechten handelt es sich um folgende: Kosten des Verfahrens, Ansprüche auf Dienstbezüge, öffentliche Kosten des Grundstücks, Ansprüche aus vorhergehenden Rechten am Grundstück, auch wenn sie durch den Zuschlag erlöschen.

c) Anhaltspunkte für die Absicht der Steuerersparnis müssen beim Erwerb des Grundpfandrechts vorliegen. Liegt die Absicht in diesem Zeitpunkt vor, so kann die Steuerbefreiung auch dann nicht gewährt werden, wenn die Absicht später aufgegeben wird.

Anhaltspunkte, d. h. es müssen gewisse Tatsachen festgestellt werden, die eine steuerwidrige Absicht als möglich erscheinen lassen.

Es müssen Anhaltspunkte vorliegen, daß der Gläubiger beim Erwerb des Rechts schon den späteren Eigentumserwerb beabsichtigte. Daß er mit der Möglichkeit rechnete, genügt nicht. Die Absicht kann z. B. daraus gefolgert werden, daß das Recht bis an den Grundstückswert heranreicht. Der Grundstückswert ist hier nicht etwa bloß der Einheitswert, sondern der Verkehrswert. Oder sie kann verneint werden, weil der Realrechtsgläubiger mit einem solchen Ausfall rechnen muß, daß die Steuerersparnis nicht mehr von Bedeutung ist. Sie muß in diesem Fall auch dann verneint werden, wenn der Gläubiger später durch Vorrangeinräumung seine Lage so verbessert hat, daß er beim Erwerb die Steuer tatsächlich erspart hat.

6. Die Voraussetzungen müssen entsprechend auch beim freihändigen Erwerb erfüllt sein.

Der freihändige Erwerber hat nunmehr den gleichen Rechtsanspruch auf Steuerermäßigung oder Steuerbefreiung wie der Erwerber im Zwangsversteigerungsverfahren. Nach dem alten Recht konnte im Fall des freihändigen Erwerbs die Steuer aus Billigkeitsgründen ermäßigt oder erlassen werden (§ 31 Absatz 1 Satz 2 GrEStG. alt). Die richtige Anwendung des Grundsatzes führte aber schon im alten Recht dazu, daß der freihändige Erwerber unter den gleichen Voraussetzungen Erlaß oder Befreiung erhielt. Denn der Billigkeitserlaß konnte richtig von keinen anderen Voraussetzungen als der Erlaß im Zwangsversteigerungsverfahren abhängig gemacht werden.

Auch beim freihändigen Erwerb muß die Gegenleistung an einem Vergleichsbetrag gemessen werden. Die Gegenleistung muß 80 v. H. des Einheitswerts erreichen und darf den Betrag, den der Pfandgläubiger für den Erwerb des Rechts aufgewendet hat und die dem Pfandrecht im Rang vorgehenden Rechte nicht übersteigen. Diese letztere Voraussetzung (Höchstbetrag der Gegenleistung) deckt sich insofern nicht mit Absatz 1, als Absatz 1 nur für das Meistgebot einen Höchstbetrag setzt, die Gegenleistung, im übrigen aber das Meistgebot übersteigen darf; denn zur Gegenleistung gehören auch die in Absatz 2 und Absatz 3 des § 11 angeführten Leistungen. Man wird also annehmen dürfen, daß beim freihändigen Erwerb nur die dem Meistgebot entsprechenden Leistungen an den Höchstbetrag gebunden sind.

7. Nacherhebung bei Weiterveräußerung.

Der steuerbefreite Erwerber soll kein gutes Geschäft mit dem Erwerb machen. Das Gesetz will dies wenigstens dadurch verhindern, daß es die Nacherhebung der Steuer für einen bestimmten Fall der Weiterveräußerung anordnet: die Steuer wird gemäß Absatz 2 nacherhoben, wenn der Erwerber oder sein Erbe das Gundstück innerhalb von fünf Jahren seit dem Erwerbsvorgang zu einem Entgelt weiterveräußert, das die beim Erwerbsvorgang angesetzte Gegenleistung übersteigt.

III. Besteuerungsgrundlage.

Grundsatz.

10. (1) Die Steuer wird vom Wert der Gegenleistung berechnet.

(2) Die Steuer wird vom Wert des Grundstücks berechnet:

1. wenn eine Gegenleistung nicht vorhanden oder nicht zu ermitteln ist;
2. bei der Vereinigung aller Anteile oder beim Übergang aller Anteile einer Gesellschaft und bei den entsprechenden schuldrechtlichen Geschäften.

1. Allgemeines

Nach dem bisherigen Gesetz wurde die Steuer grundsätzlich vom Einheitswert des Grundstücks berechnet. Der Veräußerungspreis (gleich dem, was das neue Gesetz unter Gegenleistung versteht) wurde nur dann zugrundegelegt, wenn er höher war als der Einheitswert. Da sich aber die Einheitswerte aus verschiedenen Gründen nicht als Besteuerungsgrundlage eignen, ist nunmehr die Steuer grundsätzlich von der Gegenleistung zu berechnen.

Die Ausnahmen des Absatz 2 bedürfen keiner Begründung; wenn keine Gegenleistung vorhanden oder zu ermitteln ist, muß die Steuer vom Grundstückswert berechnet werden. Auch im Fall der Ziffer 2 des Absatz 2 fehlt eine entsprechende Gegenleistung. Bei der Vereinigung der Anteile in einer Hand (Steuerfälle des § 1 Absatz 3) wird regelmäßig eine Gegenleistung nur für den einzelnen Anteil gewährt. Diese Gegenleistung unterliegt aber nicht der Steuer, da der Anteilserwerb nicht als solcher steuerpflichtig ist. Steuerpflicht für den Erwerb des Grundstücks tritt ein, wenn durch den Anteilserwerb alle Anteile sich in einer Hand vereinigen. Die Steuer ist dann nach dem Einheitswert des ganzen Grundstücks zu berechnen, da eine entsprechende Gegenleistung nicht vorhanden ist. Bei der Übertragung aller Anteile aber wird regelmäßig die Gegenleistung nach dem Reinvermögen bemessen. Auch das ist keine geeignete Besteuerungsgrundlage, so daß auch hier eine brauchbare Gegenleistung nicht vorhanden ist.

2. Nicht vorhanden ist eine Gegenleistung, insbesondere bei Übertragung des Grundstücks vom Treugeber auf Treuhänder oder vom Treuhänder auf andere Treuhänder.

3. Nicht zu ermitteln ist eine Gegenleistung u. a. bei offenbar falschen Angaben, wenn Anhaltspunkte für die tatsächlich vereinbarte Gegenleistung fehlen.

Gegenleistung.

11. (1) Als Gegenleistung gelten:

1. bei einem Kauf:

   der Kaufpreis einschließlich der vom Käufer übernommenen sonstigen Leistungen und der dem Verkäufer vorbehaltenen Nutzungen;

2. bei einem Tausch:

   die Tauschleistung des anderen Vertragsteils einschließlich einer vereinbarten zusätzlichen Leistung;

3. bei einer Leistung an Erfüllungs Statt:
der Wert, zu dem die Leistung an Erfüllungs Statt angenommen wird;
4. beim Meistgebot im Zwangsversteigerungsverfahren:
das Meistgebot einschließlich der Rechte, die nach den Versteigerungsbedingungen bestehen bleiben. Hat ein zur Befriedigung aus dem Grundstück berechtigter Grundpfandgläubiger das Meistgebot abgegeben, so ist auch der durch dieses Gebot nicht gedeckte Anspruch des Meistbietenden hinzuzurechnen, soweit die Gesamtleistung den Wert des Grundstücks (§ 12) bei der Abgabe des Meistgebots nicht übersteigt. Das Grundpfandrecht wird dabei höchstens mit dem Betrag angesetzt, den der Meistbietende für den Erwerb des Rechts aufgewandt hat;
5. bei der Abtretung der Rechte aus dem Meistgebot:
die Übernahme der Verpflichtung aus dem Meistgebot. Zusätzliche Leistungen, zu denen sich der Erwerber gegenüber dem Meistbietenden verpflichtet, sind dem Meistgebot hinzuzurechnen. Leistungen, die der Meistbietende dem Erwerber gegenüber übernimmt, sind abzusetzen;
6. bei der Abtretung des Übereignungsanspruchs:
die Übernahme der Verpflichtung aus dem Rechtsgeschäft, das den Übereignungsanspruch begründet hat, einschließlich der besonderen Leistungen, zu denen sich der Übernehmer dem Abtretenden gegenüber verpflichtet. Leistun-

gen, die der Abtretende dem Übernehmer gegenüber übernimmt, sind abzusetzen;

7. bei der Enteignung:

die Entschädigung. Wird ein Grundstück enteignet, das zusammen mit anderen Grundstücken eine wirtschaftliche Einheit bildet, so gehört die besondere Entschädigung für eine Wertminderung der nichtenteigneten Grundstücke nicht zur Gegenleistung; dies gilt auch dann, wenn ein Grundstück zur Vermeidung der Enteignung freiwillig veräußert wird.

(2) Zur Gegenleistung gehören auch

1. Leistungen, die der Erwerber des Grundstücks dem Veräußerer neben der beim Erwerbsvorgang vereinbarten Gegenleistung zusätzlich gewährt;
2. die Belastungen, die auf dem Grundstück ruhen, soweit sie auf den Erwerber kraft Gesetzes übergehen. Zur Gegenleistung gehören jedoch nicht die auf dem Grundstück ruhenden dauernden Lasten.

(3) Der Gegenleistung sind hinzuzurechnen

1. Leistungen, die der Erwerber des Grundstücks anderen Personen als dem Veräußerer als Gegenleistung dafür gewährt, daß sie auf den Erwerb des Grundstücks verzichten;
2. Leistungen, die dem Erwerber des Grundstücks bei Genehmigung des Erwerbsvorgangs durch die Genehmigungsbehörde zugunsten des Reichs, eines Landes oder einer Gemeinde (eines Gemeindeverbandes) oder zugunsten eines sonstigen Empfängers auferlegt werden;

3. Leistungen, die ein anderer als der Erwerber des Grundstücks dem Veräußerer als Gegenleistung dafür gewährt, daß der Veräußerer dem Erwerber das Grundstück überläßt.

(4) Die Grunderwerbsteuer, die für den zu besteuernden Erwerbsvorgang zu entrichten ist, wird der Gegenleistung weder hinzugerechnet noch von ihr abgezogen.

1. Allgemeines.

§ 11 beschränkt sich darauf, die Gegenleistungen für die wichtigsten Erwerbsvorgänge näher zu umschreiben. Gegenleistungen kommen auch bei anderen in § 11 nicht berücksichtigten Erwerbsvorgängen vor: z. B. es wird der Anspruch auf Abtretung der Rechte aus dem Kaufangebot gegen Entgelt eingeräumt.

Aus Absatz 1, 2 und 3 ergibt sich der allgemeine Grundsatz: Gegenleistung ist alles, was der eine Teil aufwendet, um das Grundstück zu erhalten und was der andere Teil aus der Veräußerung erzielt. Deshalb sind Gegenleistungen auch Leistungen von Dritten und an Dritte. Und Leistungen auf Grund Auflage der Genehmigungsbehörde.

2. Die Gegenleistung muß für das Grundstück gewährt werden. Deshalb Ausscheidung bei Gesamtkaufpreis. Beispiel: Gesamtpreis enthält Entgelt für Maschinen, Zubehör, Grundstücke. Auszuscheiden ist nach dem Verhältnis, in dem der Wert des Grundstücks zum Wert der sonstigen Gegenstände steht. Die von den Vertragsteilen im Vertrag vorgenommene Ausscheidung ist nicht maßgebend, kann aber zum Anhalt dienen.

3. Kauf. Sonstige Leistungen: z. B. die Übernahme von Hypotheken, Grund- und Rentenschulden, die Bestellung eines Altenteils, Sachleistungen, Dienstleistungen. Vorbehaltene Nutzungen: Nutzungen, die sich der Verkäufer über den Zeitpunkt hinaus vorbehält, in dem der Besitz auf den Erwerber übergeht (§ 446 BGB.); beispielsweise der Verkäufer läßt sich einen Nießbrauch be-

stellen oder behält den Mietzins ein, den Mieter schon über die Besitzzeit des Veräußerers hinaus bezahlt haben. Bewertung nach §§ 1—17 RBewG.

4. Tausch. Die Tauschleistung (Gegenleistung) kann in allen möglichen Leistungen bestehen (Grundstücke, bewegliche Sachen, Dienstleistungen, Rechte). Wird von dem einen Teil neben der Sache noch eine Barzahlung geleistet, so ist die Sachleistung und Barzahlung zusammen die Gegenleistung des einen Teils. Der Wert der Tauschleistung ist, soweit es sich um Grundstücke handelt, nach § 12 des Gesetzes, im übrigen nach §§ 1—17 RBewG. festzustellen. Die von den Vertragsteilen angegebenen Wertanschläge sind auch dann nicht maßgebend, wenn sie höher sind als beispielsweise der nach § 12 des Gesetzes anzusetzende Einheitswert.

5. Der Grundstückstausch im Sinne von § 1 Absatz 4 des Gesetzes: Grundstück wird gegen Grundstück getauscht. Der Wert des einen Grundstücks ist hier die Gegenleistung für das andere Grundstück. Zwei Steuerfälle! Wenn ein Vertragsteil neben dem Grundstück noch zusätzlich eine Leistung gewährt (Baraufgabe usw.), so ist zu berücksichtigen, daß ein Teil des Einheitswerts des höherwertigen Grundstücks durch die zusätzliche Leistung und nicht durch das weniger wertvolle Grundstück abgegolten wird. Die Gegenleistung für das geringerwertige Grundstück besteht also nur in einem Teil des wertvolleren Grundstücks. Umgekehrt: wenn für das weniger wertvolle Grundstück nicht nur das höherwertige Grundstück, sondern noch eine zusätzliche Leistung gewährt wird, so wird das höherwertige Grundstück nicht durch das ganze weniger wertvolle Grundstück abgegolten, sondern nur durch einen Teilbetrag seines Werts. Hier besteht also die Gegenleistung für das wertvollere Grundstück nur in einem Teil des weniger wertvollen Grundstücks. Der andere Teil wird nicht mit dem wertvolleren Grundstück, sondern durch Barleistung usw. abgegolten.

Der entsprechende Teilwert wird durch Verhältnisrechnung vermittelt.

Beispiele: A. Zwei Grundstücke, das eine mit einem Einheitswert von 1000 *RM*, das andere mit einem Einheitswert von 600 *RM* werden getauscht. Der Erwerber des wertvolleren zahlt 500 *RM* als Baraufgabe.

Gegenleistung für das wertvollere Grundstück: 1100 *RM*
Die Gegenleistung für das weniger wertvolle Grundstück ist durch Zerlegung des Einheitswerts des wertvolleren Grundstücks zu ermitteln.

$$x : 1000 = 600 : 600 + 500$$
$$x = 545.45 \text{ RM}.$$

Die Gegenleistung für das weniger wertvolle Grundstück ist 545,45 *RM*.

B. Zwei Grundstücke (Einheitswert 1000 und 600 *RM*) werden getauscht. Der Erwerber des weniger wertvollen Grundstücks zahlt 400 *RM* in bar als zusätzliche Leistung.

Die Gegenleistung für das weniger wertvolle Grundstück ist 1000 + 400 = 1400 *RM*.

Die Gegenleistung für das wertvollere Grundstück ist durch eine Zerlegung des Einheitswerts des geringerwertigen Grundstücks zu ermitteln.

$$x : 600 = 1000 : 1000 + 400$$
$$x = 428.57 \text{ RM}.$$

6. Das Meistgebot im Zwangsversteigerungsverfahren. Gegenleistung ist hier alles, was der Ersteher zur Erlangung des Grundstücks im Zwangsversteigerungsverfahren oder außerhalb des Zwangsversteigerungsverfahrens aufwenden muß.

Im einzelnen setzt sich die Gegenleistung aus folgenden Bestandteilen zusammen:

a) Meistgebot einschließlich der Rechte, die nach den Versteigerungsbedingungen bestehen bleiben — Absatz 1 Ziffer 4;
b) der nicht gedeckte Anspruch des meistbietenden Grundpfandgläubigers — Absatz 1 Ziffer 4;
c) die neben dem Meistgebot übernommenen zusätzlichen Leistungen Absatz 2 Ziffer 1;
d) die auf den Erwerber übergehenden Belastungen — Absatz 2 Ziffer 2;
e) die Leistungen des Erwerbers an dritte Personen — Absatz 3 Ziffer 1;

f) die Leistungen des Erwerbers auf Grund einer Auflage usw. — Absatz 3 Ziffer 2.

7. Abtretung der Rechte aus dem Meistgebot — § 81 Absatz 2 und 3 ZVG.

Die Gegenleistung besteht hier:

a) aus dem Meistgebot, Hinweis auf Anmerkung 6;
b) aus besonderen Leistungen, zu denen sich der Übernehmer dem Meistbietenden über das Meistgebot im Sinne der Anmerkung 6 hinaus verpflichtet;
c) Leistungen, die der Übernehmer neben den beim Erwerb vereinbarten (vorige Buchstaben a u. b) zusätzlich gewährt — Absatz 2 Ziff. 1;
d) Leistungen des Übernehmers an Dritte — Absatz 3 Ziffer 1;
e) Leistungen des Übernehmers zugunsten von Reich, Land usw., auf Grund der Genehmigung der Übernahme — Absatz 3 Ziffer 2.

8. Abtretung des Übereignungsanspruchs; hier gilt das in Anmerkung 7 Gesagte entsprechend.

9. Enteignung.

Die Gegenleistung besteht hier aus Barentschädigung und Landentschädigung. Neu ist, daß im Gegensatz zur bisherigen Verwaltungsübung die besondere Entschädigung für eine Wertminderung der nicht enteigneten Grundstücke nicht zur Gegenleistung gehört.

10. Zusätzliche Leistungen. (Absatz 2 Ziffer 1.)

Das sind Leistungen außerhalb des Erwerbsvorgangs. Dazu gehören vor allem nachträgliche Leistungen, z. B. spätere Preiserhöhungen.

11. Übergehende Grundstückslasten (Absatz 2 Ziffer 2) §§ 436, 439 BGB.

Beispiele: Mißbrauchsrecht zugunsten des früheren Eigentümers, Dienstbarkeit, die zugunsten des Eigentümers eines andern Grundstücks eingetragen ist. Regelmäßig wird wegen solchen Belastungen, die kraft Gesetzes übergehen, ein entsprechend geringer Erwerbspreis verbart. Darin zeigt sich, daß die Belastungen Teil der Gegenleistung sind.

Nicht die dauernden Lasten: alle dauernden Lasten sind darunter begriffen. Z. B. Grunddienstbarkeiten, Erbbaurechte, Rentenbankgrundschulden, Straßenkostenbeiträge, Kirchen-, Schul- und Patronatslasten usw.

12. Die Leistungen des Erwerbers an Dritte (Absatz 3 Ziffer 1). Es macht keinen Unterschied, ob der Erwerber zu den Leistungen auch dem Veräußerer gegenüber verpflichtet ist oder nur dem Dritten. Auch Leistungen, die Dritten ohne eine Verpflichtung gegenüber dem Veräußerer gewährt werden, sind der Gegenleistung hinzuzurechnen, wenn sie für einen Verzicht auf den Erwerb des Grundstücks gewährt werden.

13. Leistungen auf Grund einer Auflage (Absatz 3 Ziffer 2). Beispiel: Die Auflagen auf Grund der Verordnung über den Einsatz des jüdischen Vermögens vom 3. 12. 1938 (RGBl. I, 1709). Es kauft jemand ein Grundstück von einem Juden um 80000 RM; er hat außerdem 20000 RM als Auflage an das Reich zu zahlen. Gegenleistung: 80000 + 20000 RM.

14. Leistungen eines andern als des Erwerbers (Absatz 3, Ziffer 3).

Wenn die Leistungen des Erwerbers auf Grund einer Auflage (vorhergehende Ziffer 13) zur Gegenleistung gehören, so müsse auch die Leistungen eines Dritten an den Veräußerer der Gegenleistung zugerechnet werden.

15. Die Grunderwerbsteuer wird in keinem Fall der Gegenleistung hinzugerechnet (Absatz 4). Zum Verständnis der Regelung muß auf Folgendes hingewiesen werden. Veräußerer und Erwerber schulden die Grunderwerbsteuer als Gesamtschuldner (§ 15 Ziff. 1 des Gesetzes). Sie können unter sich vereinbaren, daß der eine oder andere Teil die Steuer ganz zu tragen hat. Diese Vereinbarung hat nur für das Verhältnis zwischen ihnen Bedeutung. Der Teil, der die Steuer zu tragen übernommen hat, kann von dem andern Teil nach den Vorschriften des bürgerlichen Rechts in Anspruch genommen werden. Dem Steuergläubiger (Reich) gegenüber ist die Vereinbarung ohne Bedeutung. Das Finanzamt kann die Steuer von jedem Teil im vollen Betrag fordern. Nach

dem alten Recht war die Steuer aber, wenn sie vom Erwerber dem Veräußerer gegenüber übernommen wurde, der Gegenleistung hinzuzurechnen. Übernahm der Veräußerer dem Erwerber gegenüber aber die Steuer, so so war sie von der Gegenleistung abzusetzen. Für die Hinzurechnung und Absetzung waren die in den Urteilen des RFH. vom 8. 7. 1921 (Bd. 6 S. 171) und 5. 10. 1923 (Bd. 13 S. 13) angegebenen Formeln maßgebend. Diese Regelung wurde von den Beteiligten nicht verstanden und gab zu ständigen Einwendungen Anlaß. Sie führte auch zu einer ungleichmäßigen Behandlung, da die Hinzurechnung in den Fällen nicht zulässig war, in denen der Erwerber kraft Gesetzes, z. B. beim Erwerb im Zwangsversteigerungsverfahren, die Steuer allein zu tragen hatte oder der Einheitswert die Steuerbemessungsgrundlage bildet.

Nunmehr gibt es keine Berücksichtigung der Steuer mehr, ganz gleich, was die Beteiligten über die Tragung der Steuer vereinbaren.

Wert des Grundstücks.

12. (1) Als Wert des Grundstücks ist der Einheitswert anzusetzen, wenn das Grundstück, das Gegenstand des Erwerbsvorgangs ist, eine wirtschaftliche Einheit (Untereinheit) im Sinn des Reichsbewertungsgesetzes bildet. Maßgebend ist der Einheitswert, der nach den Vorschriften des Reichsbewertungsgesetzes auf den dem Erwerbsvorgang unmittelbar vorausgegangenen Feststellungszeitpunkt festgestellt ist.

(2) Bildet das Grundstück, das Gegenstand des Erwerbsvorgangs ist, einen Teil einer wirtschaftlichen Einheit (Untereinheit), für die ein Einheitswert festgestellt ist, so ist als Wert der auf das Grundstück entfallende Teilbetrag des Einheitswerts anzusetzen. Der Teilbetrag ist unter sinnge-

mäßer Anwendung der Grundsätze des Reichsbewertungsgesetzes zu ermitteln, die für die Zerlegung der Einheitswerte gelten.

(3) Weicht in den Fällen der Absätze 1 und 2 der Wert der wirtschaftlichen Einheit (Untereinheit) im Zeitpunkt des Erwerbsvorgangs (Stichtag) vom Einheitswert des letzten Feststellungszeitpunkts um mehr als ein Zwanzigstel, mindestens aber um 100 Reichsmark, oder um mehr als 100000 Reichsmark ab, so ist der Wert am Stichtag als Wert des Grundstücks anzusetzen, in den Fällen des Absatzes 2 aber nur dann, wenn sich die Wertabweichung auch auf den Teil der wirtschaftlichen Einheit erstreckt, der Gegenstand des Erwerbsvorgangs ist. Der Stichtagwert ist unter sinngemäßer Anwendung der Grundsätze des Zweiten Teils des Reichsbewertungsgesetzes zu ermitteln.

(4) Ist für den letzten dem Erwerbsvorgang vorausgegangenen Hauptfeststellungszeitpunkt oder einen späteren Zeitpunkt weder für das Grundstück, das Gegenstand des Erwerbsvorganges ist, noch für die wirtschaftliche Einheit, zu der das Grundstück gehört, ein Einheitswert festzustellen, so ist der Wert zur Zeit des Erwerbsvorgangs (Stichtagwert) als Wert des Grundstücks anzusetzen. Der Wert ist nach den Wertverhältnissen vom Stichtag unter sinngemäßer Anwendung der Grundsätze des Zweiten Teils des Reichsbewertungsgesetzes zu ermitteln.

1. Der Einheitswert ist schon seit dem 1. Oktober 1930 auch im alten GrEStG. an die Stelle des früheren gemeinen Werts getreten.

2. Maßgebend ist der letzte vor dem steuerpflichtigen Rechtsvorgang festgestellte Einheitswert.

Das ist regelmäßig der bei der letzten Hauptfeststellung ermittelte Einheitswert (§ 21 RBewG.).

Ist der Einheitswert aber inzwischen neu festgestellt (fortgeschrieben) worden, so ist der bei der Fortschreibung ermittelte Wert zugrunde zu legen (§ 22 RBewG.).

3. Der Einheitswert.

Reichsbewertungsgesetz (RBewG.) vom 16. 10. 1934 (RGBl. I, 1035), geändert durch § 30 des Einführungsgesetzes zu den Realsteuergesetzen vom 1. 12. 1936 (RG.-Bl. I, 961).

Durchführungsverordnung (RBewDV.) vom 2. 2. 1935 (RGBl. I, 81) geändert durch § 66 der VO. zur Durchführung des Grundsteuergesetzes vom 1. 7. 1937 (RGBl. I, 733) und durch die VO. vom 22. 11. 1939 (RGBl. I, 2271).

Das Reichsbewertungsgesetz bestimmt, daß die Grundstücke mit den zugehörigen Wirtschaftsgütern zu bewerten sind. Grundstücke und zugehörige Wirtschaftsgüter eines Eigentümers bilden eine wirtschaftliche Einheit. Der Wert der Einheit ist im ganzen festzustellen: Einheitswert. Je nach der Zweckbestimmung der Grundstücke ergeben sich verschiedene Einheiten (land- und forstwirtschaftliches Vermögen, anderes Grundvermögen und Betriebsgrundstücke §§ 26, 28 bis 57 RBewG.).

Die Einheitswerte sind vom Finanzamt festgestellt (s. Anm. 2). Da nun aber unter Grundstücken im Sinn des Grunderwerbsteuergesetzes nicht die wirtschaftlichen Einheiten des RBewG., sondern die Grundstücke des bürgerlichen Rechts zu verstehen sind — Hinweis auf § 2 GrEStG. —, so ist der Einheitswert unter Umständen für die Zwecke der Grunderwerbsteuer besonders zu ermitteln:

a) es wird nur ein Teil der wirtschaftlichen Einheit veräußert. Dann ist der Teilbetrag des Einheitswerts nach Maßgabe von Absatz 2 zu ermitteln. Zerlegung: §§ 77—86 RBewDV.;

b) nach dem RBewG. gehört das Zubehör sowohl beim land- und forstwirtschaftlichen Vermögen wie beim

Grundvermögen zum Grundbesitz. Dagegen gehört das Zubehör nach bürgerlichem Recht nicht zum Grundstück. Da nun dieser bürgerlichrechtliche Grundstücksbegriff für die GrESt. maßgebend ist, muß das Zubehör aus dem Einheitswert herausgenommen, also abgerechnet werden. Das gleiche gilt für Maschinen und sonstige Betriebsvorrichtungen aller Art, auch wenn sie nicht Zubehör, sondern Bestandteile des Grundstücks sind. Denn Maschinen und sonstige Betriebsvorrichtungen gehören nach ausdrücklicher Regelung **nicht** zum Grundstück (§ 2 Absatz 1 Ziffer 1).

Die in diesen Fällen festgestellten Teilbeträge des Einheitswerts sind keine Einheitswerte im Sinne des Reichsbewertungsgesetzes; sie dienen nur der Grunderwerbsteuerfestsetzung und sind von der Grunderwerbsteuerstelle zu ermitteln; sie werden im Grunderwerbsteuerbescheid festgestellt; die Feststellung kann nur mit einem Rechtsmittel gegen den Grunderwerbsteuerbescheid angefochten werden.

4. Stichtagswerte (Absätze 3 und 4). Auch von diesen Stichtagswerten gilt, daß sie von der Grunderwerbsteuerstelle für den einzelnen Fall zu ermitteln sind. Auch diese Stichtagbewertung ist keine Einheitswertfeststellung im Sinn des Reichsbewertungsgesetzes. Die Stichtagswerte dienen nur als Besteuerungsgrundlagen für den jeweils zu besteuernden Erwerbsvorgang. Die Grunderwerbsteuerstelle wird aber zweckmäßig mit der Bewertungsstelle Fühlung nehmen. ErlRdF. vom 24. 4. 1940, RStBl. 457. Anfechtung der Stichtagswerte nur mit Rechtsmittel gegen Grunderwerbsteuerbescheid.

5. Fälle, in denen ein Einheitswert nicht festzustellen war und deshalb ein Stichtagswert nach Absatz 4 zu ermitteln ist: Die Grundstücke gehören dem Reich, den Ländern, den Gemeinden und der Partei. Im übrigen sind die Einheitswerte in allen Fällen festzustellen, in denen der Eigentümer der Vermögensteuer oder Grundsteuer unterliegt oder zu den Reichsnährstandsbeiträgen heranzuziehen ist. Hinweis auf ErlRdF. vom 19. 7. 1937, RStBl. 1937, S. 869 betr. Grundsteuerrichtlinien

unter Ziffer 80 (Nachholung und Nachprüfung von Einheitswerten) und Erl.RdF. vom 8. 8. 1935, RStBl. 1935 Seite 1074, betr. Einheitsbewertung unter II. Teil: Feststellung von Einheitswerten für Grundbesitz, Gewerbeberechtigungen und gewerbliche Betriebe.

IV. Steuerberechnung.

Steuersatz.

13. (1) Die Steuer beträgt drei vom Hundert.

(2) Die Steuer beträgt zwei vom Hundert:

1. soweit Grundstücke in eine Kapitalgesellschaft (§ 5 Absätze 1 und 2 des Kapitalverkehrsteuergesetzes) gegen Gewährung von Gesellschaftsrechten eingebracht werden. Dies gilt nicht für Gesellschaften, die den Erwerb, die Verwertung oder die Verwaltung von Grundstücken betreiben (Grundstücksgesellschaften);
2. wenn bei der Verschmelzung von Genossenschaften Grundstücke der aufzunehmenden Genossenschaft auf die aufnehmende Genossenschaft übergehen;
3. wenn bei der Umwandlung einer Kapitalgesellschaft in eine Genossenschaft Grundstücke der umzuwandelnden Gesellschaft auf die Genossenschaft übertragen werden.

(3) Die Stadt- und Landkreise können einen Zuschlag zur Steuer nach den Vorschriften des Finanzausgleichsgesetzes erheben.

1. Einbringen in eine Kapitalgesellschaft. Werden Grundstücke zum Teil gegen Gewährung von Gesellschaftsrechten und zum Teil gegen Leistungen anderer Art, zum Beispiel Barzahlung eingebracht, so ist der ermäßigte Satz nur für die Gesellschaftsrechte zu gewähren.

Beispiel: Gegenleistung 2000 *RM* Gesellschaftsrecht, 10000 *RM* bar. Steuer drei v. H. aus 10000 *RM* und zwei v. H. aus 2000 *RM*.

2. Zu Absatz 2 und Absatz 3 Hinweis auf § 38 Finanzausgleichsgesetz, abgedruckt bei § 20.

3. Der Zuschlag der Stadt- und Landkreise. Die Stadt- und Landkreise haben über die Einführung und Aufhebung der Zuschläge zu beschließen. Fortgeltung der im Altreich vor 1. 5. 1940 beschlossenen Satzungen: Hinweis auf ErlRdF. vom 20. 4. 1940, RStBl. S. 627. Ist einmal ein Zuschlag beschlossen, so ist er ausschließlich durch die Reichsfinanzbehörden zu verwalten. Die Entscheidung dieser Behörden über ein Erlaßgesuch hat daher auch den Zuschlag zu berücksichtigen. Steuer und Zuschlag sind bei der Entscheidung gleichmäßig zu behandeln. Auch wenn nur der Erlaß des Zuschlags beantragt wird, haben die Reichsfinanzbehörden zu entscheiden; regelmäßig werden in einem solchen Fall Steuer und Zuschlag zu berücksichtigen und daher beide verhältnismäßig zu erlassen sein.

4. Weiteres über Zuschläge bei § 20.

Pauschbesteuerung.

14. Das Finanzamt kann im Einvernehmen mit dem Steuerpflichtigen von der genauen Ermittlung des Steuerbetrags absehen und die Steuer und den Zuschlag in Pauschbeträgen festsetzen.

1. Die Pauschbesteuerung wird in den Fällen anzuwenden sein, in denen die Gegenleistung ganz oder zum Teil aus Leistungen besteht, deren Wert schwer zu ermitteln ist oder in denen der auf Grund des § 12 Absatz 1 maßgebende Einheitswert noch nicht festgestellt ist oder ein besonderer Wert auf Grund des § 12 Absatz 2—4 festgestellt werden müßte.

2. Die Pauschbesteuerung darf nicht zu einer Begünstigung des Steuerpflichtigen führen.

V. Steuerschuld.

Steuerschuldner.

15. Steuerschuldner sind

1. regelmäßig: die an einem Erwerbsvorgang als Vertragsteile beteiligten Personen;
2. beim Erwerb kraft Gesetzes: der bisherige Eigentümer und der Erwerber;
3. beim Erwerb im Enteignungsverfahren: der Erwerber;
4. beim Meistgebot im Zwangsversteigerungsverfahren: der Meistbietende;
5. bei der Vereinigung aller Anteile einer Gesellschaft: derjenige, in dessen Hand die Anteile vereinigt werden; bei der Vereinigung in der Hand von Eheleuten, von Eltern und Kindern oder von herrschenden und abhängigen Unternehmen: die mehreren Beteiligten.

1. Jeder Steuerschuldner, also z. B. beim Kauf der Käufer und der Verkäufer schuldet die ganze Leistung (Gesamtschuldner). Dem Finanzamt steht es frei, an welchen Gesamtschuldner es sich halten will. Es kann die geschuldete Leistung von jedem Gesamtschuldner ganz oder zum Teil fordern (§ 7 Abs. 1 u. 3 StAnpG.).

Zahlung durch einen Gesamtschuldner kommt den anderen Gesamtschuldnern zustatten. Bis zur Entrichtung des ganzen Betrags bleiben alle Gesamtschuldner verpflichtet (§ 7 Absatz 4 StAnpG.).

2. Vereinbarungen der Vertragsteile über die Tragung der Steuerschuld (z. B.: „Die Grunderwerbsteuer trägt Käufer") sind nur für die Vertragsteile maßgebend. Das Finanzamt kann jeden Vertragsteil als Steuerschuldner in Anspruch nehmen.

3. Erlaß wirkt nur gegenüber dem Steuerschuldner, dem er gewährt wird.

4. Einheitlicher Steuerbescheid, der sich an den Erwerber und den Veräußerer als Gesamtschuldner richtet und beide Gesamtschuldner zur Zahlung auffordert: § 8 GrEStDV. FA. kann aber auch nur Erwerber **oder** Veräußerer in Anspruch nehmen.

5. Wegen der Haftung der Gesellschafter und Mitglieder im Fall, das Gesellschaften, Vereine oder Genossenschaften als solche Steuerschuldner sind: § 113 AO.

6. Bei Abtretung eines Übereignungsanspruchs oder der Rechte aus einem Meistgebot sind die beiden Vertragsteile, der Abtretende und der Abtretungsempfänger Steuerschuldner (ergibt sich aus Ziffer 1).

7. Bei der Abtretung der Rechte aus einem Kaufangebot und einem gleichstehenden Angebot gilt das zu 6 Gesagte .

8. Bei der Weiterübertragung der schon vereinigten Anteile sind im Gesetz zu Ziffer 5 wiederum die an dem Übertragungsvertrag Beteiligten als Vertragsteile im Sinne der Ziffer 1 Steuerschuldner.

Fälligkeit der Steuer.

16. Die Steuer wird binnen einem Monat nach der Bekanntgabe des Steuerbescheids fällig. Das Finanzamt darf eine längere Zahlungsfrist setzen.

1. Für die Grunderwerbsteuer ist ein schriftlicher Steuerbescheid zu erteilen (§ 210 b Absatz 1 AO.).

2. Bekanntgabe: VO. über Vereinfachungen bei der Zusendung von Bescheiden im Besteuerungsverfahren vom 11. 12. 1932, RGBl. I, 544.

3. Säumniszuschlag: Mit dem Ablauf des Fälligkeitstages ist ein einmaliger Zuschlag (Säumniszuschlag) von zwei vom Hundert des Steuerbetrags verwirkt. Steuersäumnisgesetz vom 24. 12. 1934 (RGBl. I, 1271). Kein Zuschlag, wenn der Rückstand weniger als 50 *RM* beträgt (ErlRdF. 8. 3. 1940, RStBl. Seite 313).

VI. Erstattung der Steuer.

17. (1) Wird ein Erwerbsvorgang rückgängig gemacht, bevor das Eigentum am Grundstück auf den Erwerber übergegangen ist, so wird auf Antrag die Steuer nicht erhoben oder erstattet,

1. wenn die Aufhebung durch die Vereinbarung, durch Ausübung eines vorbehaltenen Rücktrittsrechts oder eines Wiederkaufsrechts innerhalb von zwei Jahren seit der Entstehung der Steuerschuld stattfindet;
2. wenn die Vertragsbedingungen nicht erfüllt werden und der Erwerbsvorgang deshalb auf Grund eines Rechtsanspruchs rückgängig gemacht wird.

(2) Erwirbt der Veräußerer das Eigentum an dem veräußerten Grundstück zurück, so wird auf Antrag sowohl die Steuer für den Rückerwerb als auch die Steuer für den vorausgegangenen Erwerbsvorgang nicht erhoben oder erstattet,

1. wenn der Rückerwerb innerhalb von zwei Jahren seit der Entstehung der Steuerschuld für den vorausgegangenen Erwerbsvorgang stattfindet;
2. wenn das Rechtsgeschäft, das den Anspruch auf Übereignung begründen sollte, nichtig oder infolge einer Anfechtung als von Anfang an nichtig anzusehen ist;
3. wenn die Vertragsbedingungen des Rechtsgeschäfts, das den Anspruch auf Übereignung begründet hat, nicht erfüllt werden und das

Rechtsgeschäft deshalb auf Grund eines Rechtsanspruchs rückgängig gemacht wird.

(3) Wird die Gegenleistung für das Grundstück herabgesetzt, so wird die Steuer auf Antrag ermäßigt oder erstattet,

1. wenn die Herabsetzung innerhalb von zwei Jahren seit der Entstehung der Steuerschuld stattfindet;
2. wenn die Herabsetzung (Minderung) auf Grund der §§ 459 und 460 des Bürgerlichen Gesetzbuchs vollzogen wird.

(4) Die Vorschriften der Absätze 1 bis 3 gelten nicht, wenn einer der im § 1 Absätze 2 und 3 bezeichneten Erwerbsvorgänge rückgängig gemacht wird, der nicht nach der Verordnung, die zur Durchführung dieses Gesetzes erlassen wird, ordnungsmäßig angezeigt war.

1. Allgemeines.

Das GrEStG. will im wirtschaftlichen Ergebnis den Grundstücksumsatz erfassen. Hinweis auf Ziffer 2 der Einleitung. Ohne Umsatz soll keine Steuer erhoben werden. Daher Erstattung, wenn der Umsatz, der durch die besteuerten Erwerbsvorgänge (§ 1) verwirklicht werden sollte, nicht zustande gekommen ist oder ganz oder teilweise rückgängig gemacht wird. Es genügt aber für den Anspruch auf Erstattung nicht, daß ein Umsatz nicht zustande kam oder rückgängig gemacht wurde; die Erstattung setzt die Aufhebung der besteuerten Erwerbsvorgänge voraus. Ebenso wie die Besteuerung an die Erwerbsvorgänge geknüpft ist, ist die Erstattung von der Aufhebung der Erwerbsvorgänge abhängig. Das gilt für alle Arten der Erwerbsvorgänge. Es muß daher z. B. im Fall § 1 Absatz 2 das eigentumähnliche Verhältnis beseitigt werden.

Nichtige Rechtsvorgänge sind auch steuerlich unwirksam. Wird aber auf Grund eines nichtigen Rechtsvorgangs Eigentum übertragen, so ist die Übertragung rechtsgültig und steuerpflichtig. Diesen Sonderfall behandelt Absatz 2 Ziffer 2.

2. Unterscheiden: befristete und unbefristete Erstattungsansprüche.

Befristet sind die Ansprüche auf Erstattung und Ermäßigung, wenn der Erwerbsvorgang auf Grund freier Vereinbarung aufgehoben oder geändert wird: Aufhebung oder Änderung muß innerhalb von zwei Jahren seit Entstehung der Steuerschuld stattfinden (Absatz 1 Ziffer 1, Absatz 2 Ziffer 1 und Absatz 3 Ziffer 1).

Unbefristet, wenn Rechtsanspruch auf Rückgängigmachung wegen Nichterfüllung des Vertrags besteht: Absatz 1 Ziffer 2, Absatz 2 Ziffer 3 und Absatz 3 Ziffer 2.

3. Erstattung nur auf Antrag, niemals von amtswegen.

4. Anspruch auf Erstattung kann nur bis zum Schluß des Jahres geltend gemacht werden, in dem das den Erstattungsanspruch begründende Ereignis eingetreten ist (§ 153 AO.).

5. Andere Erstattungsfälle: §§ 151 Satz 1, 152 AO., 4 Absatz 3 Ziffer 2, 5 Absatz 5 StAG., 131 AO.

6. Zu Absatz 4 Hinweis §§ 2 Absatz 1 Ziffer 1 Buchstabe f bis h und 3 Absatz 1 Ziff. 1, 3 bis 7 GrEStDV.

VII. Schlußbestimmungen.

Änderung der Reichsabgabenordnung.

18. Die Reichsabgabenordnung wird wie folgt geändert:

1. Im § 76 erhält die Ziffer 1 die folgende Fassung:

„1. für die Besteuerung nach dem Grunderwerbsteuergesetz und für die Zerlegung von Besteuerungsgrundlagen der Grunderwerbsteuer:

das Finanzamt, in dessen Bezirk das Grundstück (der wertvollste Teil des Grundstücks) belegen ist. Beim Grundstückserwerb durch Verschmelzung von Kapitalgesellschaften ist das Finanzamt zuständig, in dessen Bezirk sich die Geschäftsleitung der aufnehmenden Kapitalgesellschaft befindet, und bei der Vereinigung aller Anteile einer Gesellschaft, bei der Übertragung aller Anteile einer Gesellschaft auf einen anderen und bei den entsprechenden schuldrechtlichen Geschäften das Finanzamt, in dessen Bezirk sich die Geschäftsleitung der Gesellschaft befindet;".

2. Im § 145 Absatz 3

a) wird folgende Ziffer 3 eingefügt:

„3. Die Verjährung der Grunderwerbsteuer beginnt mit dem Ablauf des Jahrs, in dem der Erwerber des Grundstücks als Eigentümer in das Grundbuch eingetragen worden ist.";

b) erhält die bisherige Ziffer 3 die Bezeichnung Ziffer 4.

3. Dem § 165e wird folgender Absatz hinzugefügt:

„(4) Sind bei einem Erwerbsvorgang, der ganz oder teilweise von der Grunderwerbsteuer befreit war, die Voraussetzungen der Steuerbefreiung ganz oder teilweise weggefallen, so hat der Steuerpflichtige dies dem Finanzamt anzuzeigen. Die Anzeige ist binnen zwei Wochen seit dem Wegfall der Voraussetzungen zu erstatten.“.

4. Im § 189 b werden
   a) im Absatz 1 Ziffern 2 und 3 die Worte „grundstücksgleichen Recht“ jeweils ersetzt durch die Worte „Erbbaurecht oder Erbpachtrecht“;
   b) im Absatz 2 Ziffer 2 die Worte „oder eines grundstücksgleichen Rechts“ ersetzt durch die Worte „, eines Erbbaurechts oder eines Erbpachtrechts“;
   c) im Absatz 3 Ziffer 1 die Worte gestrichen: „in dessen Bezirk das Grundstück (der wertvollste Teil des Grundstücks) belegen ist“.

5. Im § 189 d
   a) werden im Absatz 1 die Worte „oder grundstücksgleichen Rechts“ ersetzt durch die Worte „, eines Erbbaurechts oder eines Erbpachtrechts“;
   b) erhält der Absatz 3 die folgende Fassung:
      „(3) Das Finanzamt hat die Bescheinigung zu erteilen, wenn die Grunderwerbsteuer (einschließlich des Zuschlags) und die Kapitalverkehrsteuern entrichtet, sichergestellt oder gestundet worden sind oder wenn Steuerfreiheit gegeben ist. Es darf die Bescheinigung auch in anderen Fällen erteilen, wenn nach seinem Ermessen die Steuerforderung nicht gefährdet ist.“;
   c) wird folgender Absatz 4 hinzugefügt:
      „(4) Das Finanzamt soll in der Bescheinigung, die zur Vorlegung beim Grundbuchamt erteilt wird, den Einheitswert des Grund-

stücks angeben, wenn er dem Finanzamt bekannt ist.“.

6. Im § 210 b Absatz 2 wird der zweite Satz gestrichen.

1. § 76 Ziffer 1: Zuständigkeit für die Besteuerung und die Zerlegung der Besteuerungsgrundlagen. Die Vorschrift ist in § 1 DV. übernommen. Hinweis auf § 1 DV.

2. § 145 Absatz 3 Ziffer 3: Beginn der Verjährung.

3. § 165 e Absatz 4: Anzeigepflicht für bestimmte Steuerfälle. Hinweis auf §§ 3 und 11 DV.

4. § 189 b: Anpassung an die Neuregelung bezüglich der grundstücksgleichen Rechte.

5. § 189 d: Voraussetzungen für die Unbedenklichkeitsbescheinigung. Hinweis auf § 9 DV.

6. § 210 b Abs. 2: Es gibt keinen Bescheid mehr über die voraussichtliche Höhe der Grunderwerbsteuer, da die Steuerschuld sofort mit dem Erwerbsvorgang entsteht und festgesetzt wird. Demgemäß keine vorläufige Zahlung mehr und keine formlose Erledigungsmitteilung, falls sich vorläufige Zahlung und endgültige Steuerschuld decken.

7. Auszug der Reichsabgabenordnung siehe Anhang unter Ziffer 9.

Änderung des Steueranpassungsgesetzes.

19. § 3 Absatz 5 des Steueranpassungsgesetzes wird wie folgt geändert:

1. Folgende Ziffer 5 wird eingefügt:

„5. bei der Grunderwerbsteuer:

a) mit dem Eintritt der Bedingung, wenn die Wirksamkeit eines Erwerbsvorgangs von dem Eintritt einer Bedingung abhängig ist;

b) mit der Genehmigung, wenn ein Erwerbsvorgang der Genehmigung einer Behörde bedarf;".

2. Die bisherige Ziffer 5 erhält die Bezeichnung Ziffer 6 und die bisherige Ziffer 6 die Bezeichnung Ziffer 7.

1. § 3 StAnpG. bestimmt, daß die Steuerschuld entsteht, sobald der Tatbestand verwirklicht ist, an den das Gesetz die Steuer knüpft. Die Grunderwerbsteuerschuld entsteht also mit Abschluß des Kaufvertrags, Tauschvertrags usw. Zur Klarstellung ist in § 3 die Ziffer 5 eingefügt worden: bei (aufschiebend) bedingten und genehmigungspflichtigen Erwerbsvorgängen entsteht die Steuerschuld erst mit dem Eintritt der Bedingung oder mit der Genehmigung.

2. Das Verfahren der Preisprüfung nach der Preisstopverordnung vom 26. 11. 1936 (RGBl. I 955) ist ein Beanstandungsverfahren. Der Vertrag wird von der Preisprüfungsstelle nicht genehmigt, sondern geprüft und gegebenenfalls beanstandet. Der Vertrag ist auch nicht bis zur Entscheidung der Preisprüfungsstelle aufschiebend bedingt. Die Steuerschuld entsteht also unabhängig von dem Preisprüfungsverfahren. Eine Beanstandung macht den Vertrag unwirksam. In diesem Fall ist die Steuer nicht zu erheben oder zu erstatten.

3. Auszug des Steueranpassungsgesetzes siehe Anhang unter Ziffer 10.

Änderung des Finanzausgleichsgesetzes.

20. § 38 des Finanzausgleichsgesetzes in der Fassung des § 1 Ziffer 5 des Dritten Gesetzes zur Änderung des Finanzausgleichs vom 31. Juli 1938 (Reichsgesetzbl. I S. 966) wird wie folgt geändert:

1. Im Absatz 3 wird hinter Satz 1 folgender Satz eingefügt:

„In den Fällen des § 13 Absatz 2 des Grunderwerbsteuergesetzes betragen die Zuschläge die Hälfte der nach Satz 1 festgesetzten Zuschläge."

2. Der Absatz 4 wird gestrichen.

1. § 38 lautete in der seit 1. 7. 1938 geltenden Fassung:

(1) Die Stadt- und Landkreise können zur Grunderwerbsteuer von den Grundstücken, die innerhalb ihres Gebietes liegen, Zuschläge für ihre Rechnung erheben. Sie sind befugt, die Zuschläge nach sachlichen Merkmalen der Grundstücke abzustufen, insbesondere unbebaute Grundstücke vorauszubelasten. Die Vorschrift des § 2 des Grunderwerbsteuergesetzes findet Anwendung. Satzungen über die Erhebung von Zuschlägen kann rückwirkende Kraft nicht beigelegt werden.

(2) Erstreckt sich ein Grundstück über das Gebiet mehrerer Stadt- oder Landkreise, so ist die Grunderwerbsteuer für die Zwecke der Zuschlagserhebung nach dem Verhältnis der Werte der Grundstücksteile zu zerlegen, die in den einzelnen Stadt- oder Landkreisen liegen.

(3) Die Zuschläge dürfen nicht mehr als zwei vom Hundert des steuerpflichtigen Wertes betragen. Der Höchstsatz darf auch in den Fällen der Abstufung der Sätze und der Vorausbelastung von Grundstücken nicht überschritten werden. Soweit das Grunderwerbsteuergesetz Ermäßigungen vorsieht, sind die Zuschläge in gleichem Verhältnis zu ermäßigen.

(4) Die Zuschläge dürfen nicht erhoben werden:

1. wenn Grundstücke in eine Kapitalgesellschaft (§ 5 des Kapitalverkehrsteuergesetzes) gegen Gewährung von Gesellschaftsrecht eingebracht werden. Dies gilt nicht für Gesellschaften, die den Erwerb ... von Grundstücken betreiben;
2. wenn bei der Verschmelzung von Genossenschaften Grundstücke einer an der Verschmelzung beteiligten Genossenschaft auf die aufnehmende Genossenschaft übergehen;

3. wenn bei der Umwandlung einer Kapitalgesellschaft in eine Genossenschaft Grundstücke der umzuwandelnden Gesellschaft auf die Genossenschaft übertragen werden.

2. Durch § 20 ist § 38 nunmehr insoweit geändert worden, als die Befreiung der Betriebszusammenschlüsse (Absatz 4 des § 38) beseitigt und statt dessen eine Ermäßigung der Zuschläge auf die Hälfte gewährt wurde (Satz 2 des Absatz 3 des § 38 neu): Grundstücksübergänge bei Betriebszusammenschlüssen unterliegen der Grunderwerbsteuer nach § 13 Absatz 2 des Gesetzes. Sie unterliegen den Zuschlägen nunmehr nach Maßgabe von § 38 Absatz 3 Satz 2; die Zuschläge betragen 1 vom Hundert gegenüber allgemein 2 vom Hundert.

Sondervorschriften für die Ostmark, den Reichsgau Sudetenland und die anderen eingegliederten Gebiete.

21. (1) In der Ostmark, im Reichsgau Sudetenland und in den Teilen der anderen eingegliederten Gebiete, in denen noch das österreichische Allgemeine Bürgerliche Gesetzbuch und die österreichische Exekutionsordnung in Kraft sind, gelten die folgenden Sondervorschriften:

1. Im § 1 des Gesetzes ist der Absatz 1 in der folgenden Fassung anzuwenden:

„(1) Der Grunderwerbsteuer unterliegen die folgenden Rechtsvorgänge, soweit sie sich auf inländische Grundstücke beziehen:

1. ein Kaufvertrag oder ein anderes Rechtsgeschäft, das den Anspruch auf Übereignung begründet;
2. der Übergang des Eigentums, wenn kein den Anspruch auf Übereignung begründendes Rechtsgeschäft vorausgegangen ist (Beispiele:

Erwerb durch Zuschlag in der Zwangsversteigerung, Enteignungsbeschluß);

3. ein Rechtsgeschäft, das den Anspruch auf Abtretung eines Übereignungsanspruchs begründet;

4. ein Rechtsgeschäft, das den Anspruch auf Abtretung der Rechte aus einem Kaufangebot begründet. Dem Kaufangebot steht ein Angebot zum Abschluß eines anderen Vertrags gleich, kraft dessen die Übereignung verlangt werden kann;

5. die Abtretung eines der in den Ziffern 3 und 4 bezeichneten Rechte, wenn kein Rechtsgeschäft vorausgegangen ist, das den Anspruch auf Abtretung der Rechte begründet.".

2. Im § 2 des Gesetzes sind die Absätze 1 und 2 in der folgenden Fassung anzuwenden:

„(1) Unter Grundstücken im Sinn dieses Gesetzes sind Grundstücke im Sinn des österreichischen bürgerlichen Rechts zu verstehen. Das Zugehör wird nur insoweit zum Grundstück gerechnet, als es mit dem Grund und Boden fest verbunden ist. Dazu gehören insbesondere die zu einem dauernden Zweck mit dem Grund und Boden verbundenen Gebäude, sowie die Erzeugnisse des Grundstücks, solange sie mit dem Grund und Boden zusammenhängen. Zum Grundstück werden jedoch nicht gerechnet

1. Maschinen und sonstige Vorrichtungen aller Art, die zu einer Betriebsanlage gehören,

2. Mineralgewinnungsrechte, Apothekengerechtigkeiten und sonstige Gewerbeberechtigungen.

(2) Den Grundstücken stehen gleich

1. Baurechte,
2. Erbpachtrechte,
3. Gebäude auf fremdem Boden.".

3. Im § 9 Absatz 1 ist die Ziffer 2 in der folgenden Fassung anzuwenden:

„2. das Meistbot einschließlich der Rechte, die nach den Versteigerungsbedingungen bestehen bleiben, darf den Betrag, den der Pfandgläubiger für den Erwerb des Pfandrechts aufgewandt hat, und die dem Pfandrecht im Rang vorgehenden Rechte (Beispiele: Kosten des Verfahrens, Pfandrechte nebst Zinsen) nicht übersteigen. Vorhergehende Rechte dritter Personen, die in der Zwangsversteigerung ausgefallen sind, bleiben unberücksichtigt. An die Stelle des Meistbots tritt das Überbot, wenn der Zuschlag dem Überbieter erteilt wird, im Fall der Übernahme auf Grund eines Übernahmeanbietens der Übernahmepreis.".

4. Im § 11 Absatz 1 sind die Ziffern 4 und 5 in der folgenden Fassung anzuwenden:

„4. beim Zuschlag im Zwangsversteigerungsverfahren:

das Meistbot einschließlich der Rechte, die nach den Versteigerungsbedingungen bestehen bleiben, und der Beträge, um die der Ersteher bei einem Überbot sein Meistbot erhöht. An die Stelle des Meistbots tritt das Überbot, wenn der Zuschlag dem Überbieter erteilt wird. Hat ein zur Befriedigung aus dem Grundstück berechtigter Grundpfandgläubiger das Meistbot abgegeben, so ist auch der durch dieses Gebot nicht gedeckte Anspruch des Meistbietenden hinzuzurechnen, soweit die Gesamtleistung den Wert des Grundstücks (§ 12) bei der Abgabe des Meistbots nicht übersteigt. Das Grundpfandrecht des Erstehers wird dabei höchstens mit dem Betrag angesetzt, den er für den Erwerb des Rechts aufgewandt hat;

5. bei der Übernahme auf Grund eines Übernahmeanerbietens:

der Übernahmepreis einschließlich der Rechte, die der Übernehmer ohne Anrechnung auf den Preis übernimmt, und der Kosten des Versteigerungsverfahrens;".

5. Im § 15 des Gesetzes ist die Ziffer 3 in der folgenden Fassung anzuwenden:

„3. beim Zuschlag im Zwangsversteigerungsverfahren:

der Erwerber;".

6. Im § 17 Absatz 3 des Gesetzes ist die Ziffer 2 in der folgenden Fassung anzuwenden:

„2. wenn die Herabsetzung (Minderung) auf Grund der §§ 932 und 933 des Allgemeinen Bürgerlichen Gesetzbuchs vollzogen wird.".

(2) In den Teilen der eingegliederten Ostgebiete, in denen das reichsdeutsche und das österreichische bürgerliche Recht und Zwangsversteigerungsrecht

nicht gelten, sind die Vorschriften dieses Gesetzes, soweit sie nicht unmittelbar angewandt werden können, sinngemäß anzuwenden.

(3) Die Vorschriften der Absätze 1 und 2 verlieren ihre Wirksamkeit, sobald ihr Grund durch das Fortschreiten der Reichsvereinheitlichung wegfällt.

1. Das Grunderwerbsteuergesetz, das auf den reichsdeutschen Vorschriften des bürgerlichen Rechts und Zwangsversteigerungsrechts aufgebaut ist, mußte für die Gebiete, in denen noch das österreichische Allgemeine Bürgerliche Gesetzbuch und die österreichische Exekutionsordnung gilt, angepaßt werden. Der vorliegende § 21 enthält die Ostmarkfassung des Grunderwerbsteuergesetzes.

2. Vgl. Wolf, Das neue Grunderwerbsteuergesetz — Änderungen gegenüber dem bisherigen Recht der Ostmark, in Deutsche Steuerzeitung 29. Jahrgang, S. 541.

3. Eine ausführliche Darstellung des österreichischen Rechts enthält Boruttau-Klein Anm. 2 mit 5 zu § 21.

Sondervorschriften über die Zuschläge zur Grunderwerbsteuer für einzelne Reichsteile.

22. (1) § 21 Absatz 3 und § 38 des Finanzausgleichsgesetzes gelten ab 1. Mai 1940 auch im Saarland, in der Ostmark, im Reichsgau Sudetenland, in den in die Länder Preußen und Bayern eingegliederten sudetendeutschen Gebietsteilen, in den Gemeinden Jungholz und Mittelberg und in den eingegliederten Ostgebieten.

(2) Mit Ablauf des 30. April 1940 treten außer Kraft:

1. §§ 16 bis 18 der Verordnung über die Einführung von Reichssteuern im Saarland vom 12. Dezember 1935 (Reichsgesetzbl. I S 1517),

2. § 3 der Zweiten Verordnung zur Einführung steuerrechtlicher Vorschriften in den sudetendeutschen Gebieten vom 5. November 1938 (Reichsgesetzbl. I S. 1556).

§§ 21 Absatz 3 und 38 des Finanzausgleichsgesetzes betreffen das Zuschlagsrecht der Stadt- und Landkreise. Hinweis auf Anm. 1 zu § 20.

Inkrafttreten.

23. (1) Dieses Gesetz tritt am 1. Mai 1940 in Kraft. Es gilt auch in den eingegliederten Ostgebieten.

(2) Mit dem Inkrafttreten dieses Gesetzes treten außer Kraft:

1. das Grunderwerbsteuergesetz in der Fassung der Bekanntmachung vom 11. März 1927 (Reichsgesetzbl. I S. 72),
2. Kapitel II Artikel 2 des Vierten Teils und Kapitel III § 26 des Siebenten Teils der Verordnung des Reichspräsidenten zur Sicherung von Wirtschaft und Finanzen, vom 1. Dezember 1930 (Reichsgesetzbl. I S. 517, 585, 597),
3. die entsprechenden Vorschriften in der Ostmark, in den eingegliederten Ostgebieten und in den Gemeinden Jungholz und Mittelberg einschließlich der zu ihrer Ergänzung, Änderung und Durchführung erlassenen Bestimmungen.

(3) Das vor dem 1. Mai 1940 geltende Recht ist noch anzuwenden, wenn

1. das Rechtsgeschäft, das den Anspruch auf Übereignung begründet, oder das ihm gleichstehende

Rechtsgeschäft (§ 1 Absatz 1 Ziffern 5 bis 7) oder die Auflassung vor dem 1. Mai 1940 beurkundet worden ist,

2. das Meistgebot (Meistbot) vor dem 1. Mai 1940 abgegeben worden ist.

1. Das Gesetz gilt im gesamten Reichsgebiet mit Ausnahme des Protektorats Böhmen und Mähren. In Eupen, Malmedy und Moresnet ist es am 1. 9. 1940 in Kraft getreten (§ 3 Absatz 1 Erlaß des Führers und Reichskanzlers vom 23. 5. 1940, RGBl. I S. 803).

2. Die in Absatz 2 Ziffer 2 angeführten Bestimmungen der Verordnung vom 1. 12. 1930 betreffen Änderungen des Grunderwerbsteuergesetzes 1927. Die Änderungen sind in dem Abdruck des Gesetzes (Anhang Ziffer 1) berücksichtigt.

3. Die Begründung zum Gesetz erläutert Absatz 3 folgendermaßen: „Für Rechtsvorgänge, bei denen die Steuerschuld vor dem 1. Mai 1940 entstanden ist, ist grundsätzlich das bisherige Recht maßgebend. In den Gebietsteilen, in denen bisher der Eigentumsübergang den steuerlichen Haupttatbestand bildet, während künftig der Abschluß des schuldrechtlichen Rechtsgeschäfts in erster Linie der Steuer unterliegt, können sich in der Übergangszeit Unbilligkeiten für Personen ergeben, die beim Abschluß des Geschäfts von den bisherigen Steuervorschriften ausgegangen sind. Die Beteiligten haben zum Beispiel damit gerechnet, daß die Steuerschuld erst ein Jahr nach Abschluß des Verpflichtungsgeschäfts entsteht (§ 5 Absatz 1 des bisherigen Gesetzes). Ebenso kann die Gestaltung der Befreiungsvorschriften Nachteile haben, die nicht vorausgesehen werden konnten.... Außerdem soll § 23 Steuerausfälle verhüten, die dadurch eintreten, daß eine Steuerschuld nach dem bisherigen Recht noch nicht entstanden ist und nach dem neuen Recht nicht mehr entsteht."

C. Durchführungsverordnung zum Grunderwerbsteuergesetz

(GrEStDV)

Vom 30. März 1940

(Reichsgesetzbl. I S. 595, Reichssteuerbl. S. 384.)

Auf Grund des § 12 und des § 14 der Reichsabgabenordnung wird verordnet:

I. Örtliche Zuständigkeit.

(§ 76 Ziffer 1 der Reichsabgabenordnung)

§ 1

(1) Für die Verwaltung der Grunderwerbsteuer ist das Finanzamt örtlich zuständig, in dessen Bezirk das Grundstück (der wertvollste Teil des Grundstücks) belegen ist. Bezieht sich ein einheitlicher Erwerbsvorgang auf mehrere Grundstücke, die in den Bezirken verschiedener Finanzämter belegen sind, so ist jedes dieser Finanzämter für die Erhebung der Steuer zuständig, die auf das in seinem Bezirk belegene Grundstück entfällt.

(2) Abweichend von der Regelung im Absatz 1 ist örtlich zuständig

1. beim Grundstückserwerb durch Verschmelzung von Kapitalgesellschaften:

das Finanzamt, in dessen Bezirk sich die Geschäftsleitung der aufnehmenden Kapitalgesellschaft befindet,

2. bei der Vereinigung aller Anteile einer Gesellschaft, bei der Übertragung aller Anteile einer Gesellschaft auf einen anderen und bei den entsprechenden schuldrechtlichen Geschäften (§ 1 Absatz 3 des Gesetzes):

   das Finanzamt, in dessen Bezirk sich die Geschäftsleitung der Gesellschaft befindet.

(3) Das für die Verwaltung der Grunderwerbsteuer zuständige Finanzamt ist auch für die Verwaltung des Zuschlags zur Grunderwerbsteuer zuständig, soweit nicht für das Rechtsmittelverfahren auf Grund des § 483 der Reichsabgabenordnung abweichende Vorschriften getroffen sind.

II. Anzeigepflicht.

§ 2

Anzeigen der Behörden, Beamten und Notare
(§ 189 b der Reichsabgabenordnung)

(1) Die Behörden, Beamten und Notare haben Anzeige zu erstatten über

1. die folgenden Rechtsvorgänge, die sie beurkundet oder über die sie eine Urkunde entworfen und darauf eine Unterschrift beglaubigt haben:

   a) Grundstückskaufverträge und andere Rechtsgeschäfte, die den Anspruch auf Übereignung eines Grundstücks begründen, außerdem Angebote zum Abschluß solcher Geschäfte;

b) Auflassungen, wenn kein Rechtsgeschäft vorausgegangen ist, das den Anspruch auf Übereignung begründet;

c) Rechtsgeschäfte über ein Grundstück, die den Anspruch auf Abtretung eines Übereignungsanspruchs oder der Rechte aus einem Meistgebot begründen;

d) Rechtsgeschäfte, die den Anspruch auf Abtretung der Rechte aus einem Grundstückskaufangebot begründen. Dem Kaufangebot steht ein Angebot zum Abschluß eines anderen Vertrags gleich, kraft dessen die Übereignung eines Grundstücks verlangt werden kann;

e) die Abtretung eines der unter c und d bezeichneten Rechte, wenn kein Rechtsgeschäft vorausgegangen ist, das den Anspruch auf Abtretung der Rechte begründet;

f) Rechtsvorgänge, die es ohne Begründung eines Anspruchs auf Übereignung einem anderen rechtlich oder wirtschaftlich ermöglichen, ein Grundstück auf eigene Rechnung zu verwerten (Beispiele: Begründung und Auflösung von Treuhandverhältnissen, Wechsel des Treugebers);

g) Rechtsgeschäfte, die den Anspruch auf Übertragung eines oder mehrerer Anteile einer Aktiengesellschaft, Kommanditgesellschaft auf Aktien, Gesellschaft mit beschränkter Haftung, bergrechtlichen Gewerkschaft, offenen Handelsgesellschaft, Kommanditgesellschaft oder Gesellschaft des bürgerlichen Rechts begründen, wenn zum Vermögen der Gesellschaft ein Grundstück gehört;

h) die Übertragung von Anteilen der unter g bezeichneten Gesellschaften, wenn kein schuldrechtliches Geschäft vorausgegangen ist, das den Anspruch auf Übertragung begründet;

2. Anträge auf Berichtigung des Grundbuchs, die sie beurkundet oder über die sie eine Urkunde entworfen und darauf eine Unterschrift beglaubigt haben, wenn der Antrag darauf gestützt wird, daß der Grundstückseigentümer gewechselt hat;

3. Zuschlagsbeschlüsse im Zwangsversteigerungsverfahren, Enteignungsbeschlüsse, Ausführungsanordnungen im Umlegungsverfahren und andere von der Behörde oder dem Beamten getroffene Entscheidungen, durch die ein Wechsel im Grundstückseigentum bewirkt wird.

(2) Die Anzeigepflicht bezieht sich auch auf

1. Erbbaurechte und Erbpachtrechte;
2. Gebäude, die auf fremdem Boden errichtet sind.

(3) Die Anzeigen sind binnen zwei Wochen nach der Beurkundung oder der Unterschriftsbeglaubigung oder der Bekanntgabe der Entscheidung zu erstatten, und zwar auch dann, wenn die Wirksamkeit des Erwerbsvorgangs vom Eintritt einer Bedingung, dem Ablauf einer Frist oder von einer Genehmigung abhängt. Sie sind auch dann zu erstatten, wenn der Rechtsvorgang von der Besteuerung ausgenommen ist.

(4) Die Anzeigen sind an das zuständige Finanzamt (§ 1) zu richten. Bezieht sich ein einheitlicher Erwerbsvorgang auf mehrere Grundstücke und sind für die Besteuerung mehrere Finanzämter zuständig (§ 1 Absatz 1 Satz 2), so ist die Anzeige an jedes dieser Finanzämter zu richten.

(5) Die Absendung der Anzeige ist auf der Urschrift der Urkunde, in den Fällen, in denen eine Urkunde entworfen und darauf eine Unterschrift beglaubigt worden ist, auf der zurückzubehaltenden beglaubigten Abschrift zu vermerken.

§ 3

Anzeigen der Beteiligten

(1) Der Veräußerer, der Erwerber und die sonstigen Personen, die an einem unter das Grunderwerbsteuergesetz fallenden Erwerbsvorgang beteiligt sind, müssen, soweit sie nach § 15 des Gesetzes Steuerschuldner sind, Anzeige erstatten über

1. Rechtsvorgänge, die es ohne Begründung eines Anspruchs auf Übereignung einem andern rechtlich oder wirtschaftlich ermöglichen, ein Grundstück auf eigene Rechnung zu verwerten;
2. formungültige Verträge über die Übereignung eines Grundstücks, die die Beteiligten unter sich gelten lassen und wirtschaftlich erfüllen;
3. den Erwerb von Gebäuden auf fremdem Boden;
4. schuldrechtliche Geschäfte, die auf die Vereinigung aller Anteile einer Gesellschaft gerichtet

sind, wenn zum Vermögen der Gesellschaft ein Grundstück gehört (§ 1 Absatz 3 Ziffer 1 des Gesetzes);

5. die Vereinigung aller Anteile einer Gesellschaft, zu deren Vermögen ein Grundstück gehört (§ 1 Absatz 3 Ziffer 2 des Gesetzes);
6. Rechtsgeschäfte, die den Anspruch auf Übertragung aller Anteile einer Gesellschaft begründen, wenn zum Vermögen der Gesellschaft ein Grundstück gehört (§ 1 Absatz 3 Ziffer 3 des Gesetzes);
7. die Übertragung aller Anteile einer Gesellschaft auf einen anderen, wenn zum Vermögen der Gesellschaft ein Grundstück gehört (§ 1 Absatz 3 Ziffer 4 des Gesetzes).

Sie haben auch alle übrigen Erwerbsvorgänge anzuzeigen, über die eine Behörde, ein Beamter oder ein Notar eine Anzeige nach § 2 nicht zu erstatten hat.

(2) Die im Absatz 1 bezeichneten Personen haben außerdem in allen Fällen Anzeige zu erstatten über

1. jede Erhöhung der Gegenleistung des Erwerbers durch Gewährung von zusätzlichen Leistungen neben der beim Erwerbsvorgang vereinbarten Gegenleistung;
2. Leistungen, die der Erwerber des Grundstücks anderen Personen als dem Veräußerer als Gegenleistung dafür gewährt, daß sie auf den Erwerb des Grundstücks verzichten;
3. Leistungen, die dem Erwerber des Grundstücks bei Genehmigung des Erwerbsvorgangs durch die Genehmigungsbehörde zugunsten des

Reichs, eines Landes oder einer Gemeinde (eines Gemeindeverbandes) oder zugunsten eines sonstigen Empfängers auferlegt werden;

4. Leistungen, die ein anderer als der Erwerber des Grundstücks dem Veräußerer als Gegenleistung dafür gewährt, daß der Veräußerer dem Erwerber das Grundstück überläßt.

(3) Die Anzeigepflichtigen haben binnen zwei Wochen, nachdem sie von dem anzeigepflichtigen Vorgang Kenntnis erhalten haben, den Vorgang anzuzeigen, und zwar auch dann, wenn der Vorgang von der Besteuerung ausgenommen ist.

(4) War der Erwerb eines Grundstücks von der Besteuerung ausgenommen und entsteht nachträglich die Steuerschuld, weil das Grundstück nicht zu dem begünstigten Zweck verwendet wird oder weil die begünstigte Zweckbestimmung aufgegeben wird (§ 4 Absatz 2 des Gesetzes) oder weil ein Fremder in eine Familiengesellschaft aufgenommen wird (§ 3 Ziffer 7 des Gesetzes), so hat der Erwerber dies binnen zwei Wochen anzuzeigen. Das gleiche gilt, wenn die Steuer beim Erwerb eines Grundstücks zur Rettung eines Grundpfandrechts nicht erhoben wurde und nachzuerheben ist, weil der Erwerber das Grundstück zu einer höheren Gegenleistung weiterveräußert (§ 9 Absatz 2 des Gesetzes).

(5) Die Anzeigen sind an das zuständige Finanzamt (§ 1) zu richten. Bezieht sich ein einheitlicher Erwerbsvorgang auf mehrere Grundstücke und sind für die Besteuerung mehrere Finanzämter zuständig (§ 1 Absatz 1 Satz 2), so ist die Anzeige an jedes dieser Finanzämter zu richten.

§ 4

Inhalt der Anzeigen

(1) Die Anzeigen müssen enthalten:

1. Vorname, Zuname und Anschrift des Veräußerers und des Erwerbers, außerdem das Verwandtschafts- oder Schwägerschaftsverhältnis zwischen Veräußerer und Erwerber, soweit es bekannt ist;
2. die Bezeichnung des Grundstücks (Erbbaurechts, Erbpachtrechts) nach Grundbuch, Kataster, Straße und Hausnummer;
3. bei einem Grundstück, das zu einem land- oder forstwirtschaftlichen Betrieb gehört, und bei einem unbebauten Grundstück die Grundstücksgröße, bei einem bebauten Grundstück die Art der Bebauung, soweit sie bekannt ist;
4. die Bezeichnung des anzeigepflichtigen Vorgangs und den Tag der Beurkundung, bei einem Vorgang, der einer behördlichen Genehmigung bedarf, auch die Bezeichnung der Genehmigungsbehörde;
5. den Kaufpreis oder die sonstige Gegenleistung (§ 11 des Gesetzes);
6. den Namen der Urkundsperson.

(2) Die Anzeigen, die sich auf Anteile an einer Gesellschaft beziehen, müssen außerdem enthalten:

1. die Firma und den Ort der Geschäftsleitung (Sitz) der Gesellschaft,
2. die Bezeichnung des oder der Gesellschaftsanteile.

(3) Der Anzeige ist eine Abschrift der Urkunde über den Rechtsvorgang, den Antrag, den Beschluß oder die Entscheidung beizufügen.

§ 5

Empfangsbestätigung

(1) Das Finanzamt hat dem Anzeigenden den Empfang der Anzeige sofort zu bestätigen. Der Empfänger hat das Bestätigungsschreiben mit der Urkunde (Urschrift, beglaubigte Abschrift) zu verbinden.

(2) Das Finanzamt hat den Inhalt der Anzeige alsbald nach ihrem Eingang dem Wohnsitzfinanzamt des Veräußerers, dem Wohnsitzfinanzamt des Erwerbers und der Bewertungsstelle mitzuteilen (§ 189 b Absatz 4 der Reichsabgabenordnung).

III. Urkundenaushändigung

(§ 189 c Absätze 1 und 3 der Reichsabgabenordnung)

§ 6

(1) Die Behörden, Beamten und Notare dürfen Urkunden, die einen unter das Grunderwerbsteuergesetz fallenden, anzeigepflichtigen Rechtsvorgang oder einen anzeigepflichtigen Antrag auf Berichtigung des Grundbuchs betreffen, den Beteiligten erst dann erteilen, wenn das Finanzamt den Empfang der Anzeige bestätigt oder sich mit der Aushändigung der Urkunden oder mit der Erteilung der Ausfertigungen oder beglaubigten Abschriften einverstanden erklärt hat.

(2) Abweichend von der Regelung im Absatz 1 dürfen die Behörden, die Beamten und die Notare Urkunden (Ausfertigungen, beglaubigte Abschriften) über anzeigepflichtige Rechtsvorgänge und Anträge, schon bevor das Finanzamt den Empfang der Anzeige bestätigt hat, dem Grundbuchamt zuleiten, wenn die folgenden drei Voraussetzungen erfüllt sind:

1. die Urkunde (Ausfertigung, beglaubigte Abschrift) muß einen Eintragungsantrag enthalten oder zusammen mit einem Antrag, der auf Grund des Urkundeninhalts eine Eintragung begehrt, dem Grundbuchamt vorgelegt werden;
2. die Anzeige muß an das Finanzamt spätestens in dem Zeitpunkt abgesandt werden, in dem die Behörde, der Beamte oder der Notar die für das Grundbuchamt bestimmte Urkunde (Ausfertigung, beglaubigte Abschrift) absendet;
3. die Behörde, der Beamte oder der Notar muß, bevor die Urkunde (Ausfertigung, beglaubigte Abschrift) an das Grundbuchamt abgesandt wird, in den Akten vermerken, daß der in Ziffer 2 enthaltenen Vorschrift genügt worden ist. Der Aktenvermerk muß mit Datum versehen sein und die Unterschrift des zuständigen Beamten oder des Notars tragen.

(3) Dem Ersteher eines Grundstücks im Zwangsversteigerungsverfahren darf eine Ausfertigung des Zuschlagsbeschlusses in allen Fällen erteilt werden, bevor das Finanzamt den Empfang der Anzeige bestätigt hat.

IV. Berechnung und Festsetzung der Steuer.

§ 7
Abrundung der Steuer

Bei der Berechnung der Grunderwerbsteuer werden Reichspfennigbeträge auf den nächsten durch fünf teilbaren Betrag nach unten abgerundet. Das gleiche gilt für den Zuschlag zur Grunderwerbsteuer.

§ 8
Steuerbescheid

(§ 210 und § 210 b der Reichsabgabenordnung)

(1) Das Finanzamt setzt die Steuer durch schriftlichen Steuerbescheid fest.

(2) Das Finanzamt erteilt in den Fällen, in denen Erwerber und Veräußerer als Gesamtschuldner zur Entrichtung der Grunderwerbsteuer verpflichtet sind (§ 15 Ziffer 1 des Gesetzes), regelmäßig einen einheitlichen Steuerbescheid, der sich an den Erwerber und Veräußerer als Gesamtschuldner richtet und beide Gesamtschuldner zur Zahlung der Steuer auffordert. Es gibt den Steuerbescheid jedem Gesamtschuldner bekannt. Das Finanzamt darf nach seinem Ermessen den Steuerbescheid nur einem Gesamtschuldner bekanntgeben.

§ 9
Unbedenklichkeitsbescheinigung

(§ 189 d der Reichsabgabenordnung)

(1) Der Erwerber eines Grundstücks, eines Erbbaurechts oder eines Erbpachtrechts darf in das

Grundbuch erst dann eingetragen werden, wenn eine Bescheinigung des zuständigen Finanzamts vorgelegt wird, daß der Eintragung steuerliche Bedenken nicht entgegenstehen.

(2) Das Finanzamt hat die Bescheinigung zu erteilen, wenn die Grunderwerbsteuer (einschließlich des Zuschlags) entrichtet, sichergestellt oder gestundet worden ist oder wenn Steuerfreiheit gegeben ist. Es darf sie auch in anderen Fällen erteilen, wenn nach seinem Ermessen die Steuerforderung nicht gefährdet ist.

(3) Die Unbedenklichkeitsbescheinigung wird regelmäßig dem erteilt, der die Steuer entrichtet hat oder zu entrichten hat, in den Fällen, in denen keine Steuer zu entrichten ist, dem Erwerber des Grundstücks. Die Unbedenklichkeitsbescheinigung kann auch

1. einer anderen Person, für die die Eintragung des Eigentumswechsels rechtliche Bedeutung hat,
2. der Behörde, dem Beamten oder dem Notar, der den Rechtsvorgang oder den Antrag auf Berichtigung des Grundbuchs beurkundet hat,
3. dem Grundbuchamt

erteilt werden.

§ 10

Festsetzung des Zuschlags

(1) Das Finanzamt, das für die Verwaltung der Grunderwerbsteuer zuständig ist, setzt neben der Steuer auch den Zuschlag fest, der nach den Vorschriften des Finanzausgleichsgesetzes erhoben wird. Es fordert im Steuerbescheid auch den Zuschlag an.

(2) Bezieht sich ein einheitlicher Erwerbsvorgang auf mehrere Grundstücke, die im Gebiet verschiedener Stadt- oder Landkreise liegen, oder auf ein Grundstück, das sich über das Gebiet mehrerer Stadt- oder Landkreise erstreckt, so setzt das Finanzamt im Steuerbescheid den Zuschlag jedes beteiligten Kreises besonders fest. Zur Berechnung des Zuschlags zerlegt das Finanzamt die maßgebende Besteuerungsgrundlage (§ 10 des Gesetzes) nach dem Verhältnis der Werte der Grundstücke oder Grundstücksteile (§ 12 des Gesetzes), die in den einzelnen Kreisen liegen. Die Zerlegung unterbleibt, soweit der Wert des in einem Kreis belegenen Grundstücks (Grundstücksteils) weniger als 1000 Reichsmark oder der Wert der in mehreren Kreisen belegenen Grundstücke (Grundstücksteile) je weniger als 1000 Reichsmark beträgt. Die Teile der Besteuerungsgrundlage, die auf diesen Kreis oder auf diese Kreise entfallen würden, werden dem Kreis hinzugerechnet, in dessen Gebiet das wertvollste Grundstück (der wertvollste Grundstücksteil) belegen ist, und wenn mehrere Kreise mit je mindestens 1000 Reichsmark beteiligt sind, diesen Kreisen nach dem Verhältnis ihrer Beteiligung. Der Steuerbescheid muß außer den auf die beteiligten Kreise entfallenden Zuschlägen auch Angaben über die Zerlegungsgrundlagen enthalten. Er ist auch den beteiligten Stadt- und Landkreisen bekanntzugeben.

(3) Für das Zerlegungsverfahren gelten die Vorschriften der Reichsabgabenordnung, insbesondere die §§ 383 bis 389.

(4) Die Finanzämter (Finanzkassen) führen die Einnahmen aus den Zuschlägen an die berechtigten Stadt- und Landkreise ab.

§ 11

Überwachung

Das Finanzamt überwacht, ob die Steuerschuld auf Grund des § 3 Ziffer 7 und des § 4 Absatz 2 des Gesetzes nachträglich entsteht und ob die Steuer auf Grund des § 9 Absatz 2 des Gesetzes nachzuerheben ist.

V. Arbeiterwohnstätten.

§ 12

Arbeiterwohnstätten im Sinn des § 4 Absatz 1 Ziffer 2 des Gesetzes sind die in der Verordnung über die Förderung von Arbeiterwohnstätten vom 1. April 1937 (Reichsgesetzbl. I S 437) bezeichneten Wohnstätten.

VI. Inkrafttreten.

§ 13

Diese Verordnung tritt am 1. Mai 1940 in Kraft.

Berlin, 30. März 1940.

Der Reichsminister der Finanzen
Im Auftrag
Hedding.

D. Anhang Ziffer 1.

1. Das alte Grunderwerbsteuergesetz.

§ 1.

Beim Übergang des Eigentums an inländischen Grundstücken wird eine Grunderwerbsteuer erhoben. Dem Übergang des Eigentums steht gleich der Erwerb von herrenlosen Grundstücken.

§ 2.

Den Grundstücken stehen Berechtigungen gleich, auf welche die Vorschriften des bürgerlichen Rechts über Grundstücke Anwendung finden; ausgenommen sind unbewegliche Bergwerksanteile.

§ 3.

Werden alle Anteile einer Personenvereinigung (einer Aktiengesellschaft, Kommanditgesellschaft auf Aktien, Gesellschaft mit beschränkter Haftung, Gewerkschaft, offenen Handelsgesellschaft, Gesellschaft des bürgerlichen Rechts, Genossenschaft usw.), zu deren Vermögen Grundstücke gehören, in der Hand eines Teilhabers vereinigt oder, nachdem sie in der Hand eines Teilhabers vereinigt sind, auf einen anderen übertragen, so wird die Vereinigung oder Übertragung dem Übergang des Eigentums an dem Grundstück gleichgeachtet. Ehegatten sowie Eltern und Kinder gelten im Sinn dieser Vorschrift als eine Person.

§ 4.

(1) Die Steuerpflicht wird begründet durch die Eintragung der Rechtsänderung in das Grundbuch oder,

wenn es einer solchen zum Übergang des Eigentums nicht bedarf, durch den Vorgang, der die Rechtsänderung bewirkt.

(2) Sofern das Grundbuch noch nicht als angelegt anzusehen ist, tritt an die Stelle der Eintragung die Umschreibung in öffentlichen Büchern.

§ 5.

(1) Ein zur Übertragung des Eigentums verpflichtendes Veräußerungsgeschäft wird steuerpflichtig, wenn der Übergang des Eigentums nach Ablauf eines Jahres nach Abschluß dieses Veräußerungsgeschäfts nicht erfolgt ist.

(2) Ist die Steuerpflicht nach Absatz 1 eingetreten und erfolgt sodann der Eigentumsübergang (§ 4), so wird die Steuer für diesen nur insoweit erhoben, als sie die Steuer des Absatzes 1 übersteigt.

(3) Liegen mehrere Veräußerungsgeschäfte innerhalb eines Jahres vor und führt eines von ihnen vor Ablauf des Jahres zum Eigentumsübergang (§ 4), so tritt gleichzeitig mit der Steuerpflicht des Eigentumsübergangs die Steuerpflicht derjenigen Veräußerungsgeschäfte ein, die dem zur Ausführung kommenden Veräußerungsgeschäft vorangehen und ihrerseits nicht zum Eigentumsübergang geführt haben.

(4) Als Veräußerungsgeschäfte im Sinn des Absatzes 1 sind auch anzusehen:

1. die Übertragung der Rechte der Erwerber aus Veräußerungsgeschäften;
2. die Übertragung von Rechten aus Anträgen zur Schließung eines Veräußerungsgeschäfts, die den Veräußerer binden, sowie aus Verträgen, durch die nur der Veräußerer zur Schließung eines Veräußerungsgeschäfts verpflichtet wird;
3. nachträgliche Erklärungen des aus einem Veräußerungsgeschäft berechtigten Erwerbers, die Rechte für einen Dritten erworben oder die Pflichten für einen Dritten übernommen zu haben;
4. die Abtretung der Rechte aus dem Meistgebot und die Erklärung des Meistbietenden, daß er für einen anderen geboten habe;

5. Rechtsgeschäfte, durch die jemand ermächtigt wird, ein Grundstück ganz oder teilweise auf eigene Rechnung zu veräußern.

§ 6.

Steuerpflichtig ist auch ein Rechtsvorgang, der es ohne Übertragung des Eigentums einem anderen ermöglicht, über das Grundstück wie ein Eigentümer zu verfügen.

§ 7.

Die Besteuerung wird nicht dadurch ausgeschlossen, daß ein nach diesem Gesetz steuerpflichtiger Rechtsvorgang durch einen anderen verdeckt wird.

§ 8.

Die Steuer wird erhoben:

1. beim Erwerb von Todes wegen oder auf Grund einer Schenkung unter Lebenden im Sinn des Erbschaftssteuergesetzes, sofern nicht die Form der Schenkung lediglich gewählt ist, um die Grunderwerbsteuer zu ersparen. Bei Schenkungen mit einer Auflage beschränkt sich die Steuerbefreiung auf den Teil des Einheitswerts des Grundstücks (§ 11), der den Wert der Auflage überschreitet;
2. bei der Begründung, Änderung, Fortsetzung und Aufhebung der ehelichen Gütergemeinschaft;
3. beim Erwerb auf Grund von Verträgen, die zwischen Miterben oder Teilnehmern an einer ehelichen oder fortgesetzten Gütergemeinschaft zum Zweck der Teilung der zum Nachlaß oder zum Gesamtgut gehörenden Gegenstände abgeschlossen werden, sowie beim Erwerb auf Grund eines Zuschlags, der in den vorgenannten Fällen bei Teilung im Weg der Versteigerung einem Miterben oder Teilnehmer erteilt wird;
4. beim Erwerb der Abkömmlinge von den Eltern, Großeltern und entfernteren Voreltern sowie beim Erwerb der Eltern von den Kindern; den Eltern stehen die Stiefeltern gleich: ebenso die Adoptiv-

eltern, wenn kein Verdacht besteht, daß die Annahme an Kindes Statt zum Zweck der Steuerhinterziehung vorgenommen ist;

5. beim Einbringen in eine ausschließlich aus dem Veräußerer und dessen Abkömmlingen oder aus diesen allein bestehende Vereinigung. Die Steuerpflicht tritt ein, wenn nachträglich ein Gesellschafter aufgenommen wird, der nicht zu den Abkömmlingen des Veräußerers gehört;
6. beim Einbringen von Nachlaßgegenständen in eine ausschließlich von Miterben gebildete Vereinigung. Die Vorschrift der Nr. 5 Satz 2 findet entsprechende Anwendung;
7. beim Austausch im Inland gelegener Grundstücke zum Zweck der Zusammenlegung (Flurbereinigung), der Ermöglichung einer besseren landwirtschaftlichen Ausnützung von Grundstücken in Gemengelage, der Grenzregelung oder der besseren Gestaltung von Bauflächen (Umlegung) sowie bei Ablösung von Rechten an Forsten, wenn diese Maßnahmen auf der Anordnung einer Behörde beruhen oder von einer gesetzlich hierfür zuständigen oder durch die oberste Landesfinanzbehörde bezeichneten Behörde als zweckdienlich anerkannt werden;
8. beim Austausch von Feldesteilen zwischen angrenzenden Bergwerken und bei der Vereinigung zweier oder mehrerer Bergwerke zum Zweck der besseren bergbaulichen Ausnützung, sofern sie nicht zum Zweck der Steuerersparung erfolgen;
9. bei Grundstücksübertragungen, die der Besiedlung des flachen Landes oder der Schaffung von Kleinwohnungen zu dienen bestimmt sind, wenn er als Erwerber oder Veräußerer Körperschaften des öffentlichen Rechts oder solche Personenvereinigungen, rechtsfähige Stiftungen und sonstige rechtsfähige Zweckvermögen, die sich mit den genannten Zwecken befassen, beteiligt sind. Die Befreiung der Personenvereinigungen, Stiftungen und Zweckvermögen tritt nur ein, wenn sie auf Grund des Siebenten Teils Kapitel III der Verordnung des Reichspräsi-

denten zur Sicherung von Wirtschaft und Finanzen vom 1. Dezember 1930 (Reichsgesetzbl. I S. 517) als gemeinnützig anerkannt oder nach den zur Durchführung des Körperschaftssteuergesetzes erlassenen Bestimmungen als gemeinnützig anzusehen sind. Wenn Körperschaften, Personenvereinigungen, Stiftungen oder Zweckvermögen der genannten Art auf ihren Grundstücken Kleinwohnungen nachweisbar in der Absicht geschaffen haben, die Grundstücke demnächst an dritte Personen als Eigenheime zu übertragen, so sind diese Grundstücksübertragungen ebenfalls von der Steuer befreit;

10. beim Erwerb von Grundstücken zwecks Schaffung oder Erweiterung öffentlicher Erholungs-, Wald- und sonstiger Grünanlagen sowie für Zwecke öffentlicher Straßen und Plätze. Falls und insoweit das Grundstück innerhalb einer Frist, die vom Beginn des zweiten Jahres bis zum Ende des fünfzehnten Jahres nach Abschluß des Veräußerungsgeschäfts läuft, für andere Zwecke verwendet wird, erfolgt Nachveranlagung.

§ 9.

Zu den Miterben im Sinne des § 8 Nr. 3 und 6 wird der überlebende Ehegatte gerechnet, der mit den Erben des verstorbenen Gatten gütergemeinschaftliches Vermögen zu teilen hat. Die Steuerbefreiungen nach § 8 Nr. 3 und 4 kommen auch Ehegatten von Miterben oder Teilnehmern an einer fortgesetzten Gütergemeinschaft sowie Ehegatten von Abkömmlingen zu, wenn sie auf Grund des bestehenden Güterstandes ohne rechtsgeschäftliche Übertragung Miteigentum erwerben.

§ 10[1].

(1) Die Steuer wird auch erhoben, wenn bei inländischen Grundstücken, die

---

[1]) Die Veranlagung und Erhebung der Steuer des § 10 ist bis auf weiteres ausgesetzt (§ 28 Abs. 3).

1. auf Grund von Vorschriften, welche nach den Artikeln 57, 58 und 59 des Einführungsgesetzes zum Bürgerlichen Gesetzbuch von dessen Bestimmungen unberührt bleiben, gebunden sind, oder
2. im Eigentum von Personenvereinigungen, Anstalten oder Stiftungen aller Art oder für diese im Eigentum einer natürlichen Person zu treuen Händen stehen,

zwanzig Jahre seit der Bindung (Nr. 1) oder dem Erwerb (Nr. 2) oder dem letztmaligen Eintritt der Steuerpflicht nach dieser Vorschrift verflossen sind.

(2) Grundstücke, zu deren rechtsgültigen Veräußerung weder eine behördliche Genehmigung noch die Zustimmung von Familienmitgliedern oder Dritten erforderlich ist und deren Veräußerungserlös nach den gesetzlichen, hausverfassungsmäßigen oder stiftungsmäßigen Bestimmungen der freien Verwendung des Veräußerers unterliegt, gelten nicht als gebunden im Sinn des Absatzes 1 Nr. 1. Den im Absatz 1 Nr. 1 genannten Grundstücken stehen die Grundstücke von Gesamtgeschlechtern gleich.

§ 11.

(1) Für die Berechnung der Steuer ist der Einheitswert maßgebend, der nach den Vorschriften des Reichsbewertungsgesetzes auf den dem steuerpflichtigen Rechtsvorgang, im Fall des § 10 dem Zeitpunkt des Eintritts der Steuerpflicht unmittelbar vorausgegangenen Feststellungszeitpunkt für das Grundstück (landwirtschaftlichen, forstwirtschaftlichen, gärtnerischen Betrieb, Grundstück, Betriebsgrundstück im Sinne des Reichsbewertungsgesetzes) festgestellt worden ist; die Vorschrift des § 154 Absatz 2 der Reichsabgabenordnung findet entsprechende Anwendung. Ist in dem Einheitswert der Wert solcher Gegenstände enthalten, die der Grunderwerbsteuer nicht unterliegen, so ist der Wert dieser Gegenstände zur Ermittlung des der Steuer zugrunde zu legenden Wertes auszuscheiden. Bildet nur ein Teil eines Grundstücks den Gegenstand der Übertragung, so ist der auf ihn entfallende Teilbetrag des Einheitswerts der Besteuerung zugrunde

zu legen. Der nach den Sätzen 2, 3 maßgebende Wert ist nach dem Grundsätzen des Reichsbewertungsgesetzes zu ermitteln.

(2) Das Finanzamt kann im Einverständnis mit dem Steuerschuldner von der genauen Ermittlung des Wertes absehen und einen Pauschbetrag für die Steuer festsetzen. Dies gilt auch dann, wenn die Versteuerung andernfalls noch ausgesetzt werden müßte.

§ 12.

(1) Ist der Veräußerungspreis höher als der Einheitswert des Grundstücks (§ 11), so tritt er an Stelle des Einheitswerts.

(2) Der Veräußerungspreis bestimmt sich nach dem Gesamtbetrag der Gegenleistung, einschließlich der vom Erwerber übernommenen oder ihm sonst infolge der Veräußerung obliegenden Leistungen und der vorbehaltenen oder auf dem Grundstück lastenden Nutzungen und bei Verträgen über Leistung an Erfüllungs Statt nach dem Wert, zu dem die Gegenstände an Erfüllungs Statt angenommen werden. Die auf einem nicht privatrechtlichen Titel beruhenden Angaben und Leistungen, die auf dem Grundstück kraft Gesetzes lasten (gemeine Lasten), werden nicht mitgerechnet. Ist einem der Vertragschließenden ein Wahlrecht oder die Befugnis eingeräumt, innerhalb gewisser Grenzen den Umfang der Gegenleistung zu bestimmen, so ist der höchstmögliche Betrag der Gegenleistung maßgebend.

(3) Wenn die Beteiligten zum Zweck der Steuerersparung einen Teil des Entgelts in die Form einer Vermittlungsgebühr, einer den üblichen Zinssatz erheblich übersteigenden Verzinsung des gestundeten Preises oder einer sonstigen Nebenleistung kleiden, so ist der als Teil des Entgelts anzusetzende Betrag durch Schätzung zu ermitteln.

§ 13.

Bei dem Übergang im Weg der Zwangsversteigerung tritt an die Stelle des Veräußerungspreises (§ 12) der

Betrag des Meistgebots, zu dem der Zuschlag erteilt wird, unter Hinzurechnung der vom Ersteher übernommenen Leistungen. Dabei tritt im Fall der Abtretung der Rechte aus dem Meistgebot und der Erklärung des Meistbietenden, daß er für einen anderen geboten habe, an die Stelle des Meistgebots der Wert der Gegenleistung, wenn sie höher ist als das Meistgebot.

§ 14.

(1) Ist das Grundstück in der Zwangsversteigerung von einem Hypotheken-, Grundschuld-, Rentenschuld- oder Reallastgläubiger erworben worden, so hat das Landesfinanzamt auf Antrag des Steuerschuldners zu bestimmen, daß die Steuer nur von dem Teil des Einheitswerts des Grundstücks (§ 11) oder des Meistgebots erhoben wird, welcher den Gesamtbetrag der Hypotheken-, Grundschuld-, Rentenschuld- oder Reallastforderung des Erwerbers und der dieser vorgehenden gleichartigen Forderungen übersteigt, sofern

1. sich aus den Umständen ergibt, daß der Erwerb des Grundstücks erfolgte, um die Hypothek, Grundschuld, Rentenschuld oder Reallast zu retten, und kein Anhalt besteht, daß der Erwerber sich die Hypothek, Grundschuld, Rentenschuld oder Reallast zur Ersparung von Abgaben bei dem beabsichtigten Erwerb des Grundstücks habe bestellen oder abtreten lassen, und
2. die Hypothek, Grundschuld, Rentenschuld oder Reallast dem Erwerber bereits seit einem Jahr vor der ersten Beschlagnahme des Grundstücks zustand. Dabei ist die Zeit, in der die Hypothek, Grundschuld, Rentenschuld oder Reallast einem Erblasser des Erwerbers oder seines Ehegatten zustand, diesem anzurechnen; und ferner
3. entweder das Meistgebot oder der Gesamtbetrag in vorstehendem Sinn mindestens achtzig vom Hundert des Einheitswerts des Grundstücks (§ 11) beträgt.

(2) Entsprechendes gilt beim Erwerb durch einen Bürgen für eines der im Absatz 1 genannten Schuldverhältnisse.

(3) Der Reichsminister der Finanzen kann die Entschließung über Anträge nach den Absätzen 1 und 2 auf Behörden übertragen, die den Landesfinanzämtern untergeordnet sind.

§ 15.

(1) Geht ein Grundstück, das mehreren zur gesamten Hand gehört, an einen oder mehrere Mitberechtigte über, so wird die Steuer so berechnet, als ob die Beteiligten nach Bruchteilen berechtigt wären; der Bruchteil der Erwerber bleibt unberücksichtigt. Die Höhe der Bruchteile ist nach den Anteilen zu bestimmen, zu denen die Beteiligten an dem Vermögen zur gesamten Hand berechtigt sind, oder nach Verhältnis dessen, was ihnen bei Auflösung der Gemeinschaft zufallen würde.

(2) Absatz 1 gilt insoweit nicht, als die Anteilsberechtigung des Erwerbers, oder wenn die Erben eines Mitberechtigten oder Gesellschafters Erwerber sind, die Anteilsberechtigung des Erblassers nach dem Inkrafttreten dieses Gesetzes durch den Erwerb von Anteilen anderer Mitberechtigter oder Gesellschafter mittels Rechtsgeschäfte unter Lebenden begründet worden ist.

(3) Die Vorschrift des Absatzes 1 gilt sinngemäß, wenn eine Gemeinschaft zur gesamten Hand ein Grundstück von einem Mitberechtigten erlirbt. Der nach Absatz 1 zu ermittelnde Anteil des Veräußerers bleibt unberücksichtigt.

§ 16.

Beim Tausch von Grundstücken ist die Steuer für jedes Grundstück gesondert zu berechnen.

§ 17.

Die Steuer beträgt drei vom Hundert, in den Fällen des § 10 zwei vom Hundert des Einheitswerts des Grundstücks (§ 11) oder des nach §§ 12 bis 14 an seine Stelle tretenden Betrags.

§ 18.

Die Steuer wird nicht erhoben, wenn der Einheitswert des Grundstücks (§ 11) oder der nach §§ 12 bis 14 an an seine Stelle tretende Betrag fünfzig Reichsmark nicht überschreitet.

§ 19.

Die Steuer erhöht sich um zwei vom Hundert, wenn ein Teil eines Grundstücks, das eine wirtschaftliche Einheit bildet, innerhalb dreier Jahre, von dem Zeitpunkt der in den §§ 4, 5 und 6 bezeichneten Rechtsvorgänge an gerechnet, auf Grund planmäßigen Vorgehens, das gewerbsmäßig auf völlige oder teilweise Zerschlagung der wirtschaftlichen Einheit gerichtet ist, weiterveräußert wird; der erste Erwerber des weiterveräußerten Teils erhält auf seinen Antrag den Unterschied zwischen der erhöhten Steuer und dem Steuersatz nach § 17 vergütet, wenn er das Teilgrundstück zur Begründung oder Abrundung einer selbständigen Ackernahrung oder zur Kleinsiedlung verwendet. Der Antrag ist innerhalb dreier Jahre nach dem Erwerb bei dem Landesfinanzamt zu stellen.

§ 19a.

(1) Die Steuer ermäßigt sich auf zwei vom Hundert:

1. wenn Grundstücke in eine Kapitalgesellschaft (§ 3 des Kapitalverkehrsteuergesetzes)[1]) gegen Gewährung von Gesellschaftsrechten eingebracht werden. Dies gilt nicht für Gesellschaften, die den Erwerb, die Verwertung oder die Verwaltung von Grundstücken betreiben (Grundstücksgesellschaften);
2. wenn bei der Verschmelzung von Genossenschaften Grundstücke einer an der Verschmelzung beteiligten Genossenschaft auf die aufnehmende Genossenschaft übergehen;

---

[1]) Die Verweisung auf § 3 des Kapitalverkehrsteuergesetzes bezieht sich auf die frühere Fassung. Die Vorschrift ist ersetzt durch § 5 Absätze 1 und 2 des Kapitalverkehrsteuergesetzes vom 16. Oktober 1934 (RGBl. I S. 1058; RStBl. S. 1314).

3. wenn bei der Umwandlung einer Kapitalgesellschaft in eine Genossenschaft Grundstücke der umzuwandelnden Gesellschaft auf die Genossenschaft übertragen werden.

§ 20.

(1) Zur Entrichtung der Steuer sind der Erwerber und und der Veräußerer gesamtschuldnerisch verpflichtet. Beim Erwerb im Zwangsversteigerungs- oder im Enteignungsverfahren kann die Steuer von demjenigen, gegen den sich das Verfahren richtete, nicht gefordert werden.

(2) Im Fall des § 10 Nr. 1 ist die Steuer von dem Inhaber des gebundenen Grundstücks, im Fall des § 10 Nr. 2 von dem Eigentümer des Grundstücks zu entrichten.

(3) Der Inhaber des gebundenen Grundbesitzes ist mit Genehmigung der Aufsichtsbehörde befugt, den Betrag der Abgabe aus dem gebundenen Vermögen zu entnehmen und zu diesem Zweck über die zu dem Vermögen gehörenden Gegenstände zu verfügen. Hierdurch wird die Befugnis des Inhabers nicht berührt, auf Grund solcher gesetzlicher, hausgesetzlicher oder stiftungsmäßiger Vorschriften, welche die Verfügung unter anderen Voraussetzungen zulassen, über das gebundene Vermögen zu verfügen. Fehlt eine Aufsichtsbehörde oder ist es ungewiß, welche Behörde zur Aufsicht berufen ist, so gilt als Aufsichtsbehörde im Sinn dieser Vorschriften das Oberlandesgericht, in dessen Bezirk das gebundene Vermögen sich seinem Hauptbestand nach befindet. Ist die Genehmigung von einem Oberlandesgericht erteilt, so kann nicht geltend gemacht werden, daß das Oberlandesgericht für die Genehmigung nicht zuständig gewesen sei. Die Landeszentralbehörde kann bestimmen, daß an Stelle des Oberlandesgerichts eine andere Behörde tritt [2]).

§ 21.

(1) Kriegsbeschädigte und Hinterbliebene von Kriegsteilnehmern, die bei Abfindung ihrer militärischen Bezüge auf Grund des Kapitalabfindungsgesetzes [1]) Grund-

[1]) Die Vorschriften des Kapitalabfindungsgesetzes sind im wesentlichen in das Reichsversorgungsgesetz in der

stücke erwerben, sind nach näherer Bestimmung des Reichsrats[2]) von der Steuer befreit. Bei der Beteiligung dieser Personen ermäßigen sich die in den §§ 17 und 19 genannten Steuersätze im Verhältnis ihrer Beteiligung.

(2) Die Steuer wird nicht erhoben bei dem Übergang von Eigentum gelegentlich der Übernahme einer Körperschaft des öffentlichen Rechts durch eine andere oder der Grenzveränderungen unter solchen Körperschaften sowie gelegentlich der Auseinandersetzung zwischen Ländern und Kirchen.

(3) Von der Steuer des § 10 sind befreit:

1. das Reich, die Länder, die Gemeinden und Gemeindeverbände;
2. deutsche Kirchen und andere mit Rechtspersönlichkeit ausgestattete, in einem Lande öffentlich zugelassene Religionsgesellschaften sowie Anstalten, Stiftungen und Personenvereinigungen, die ausschließlich kirchlichen, Unterrichts-, gemeinnützigen oder milden Zwecken dienen. Das gleiche gilt für Anstalten, Einrichtungen und Vermögensmassen der freien Wohlfahrtspflege, die der Erfüllung von Aufgaben der öffentlichen Wohlfahrtspflege dienen; ferner für Träger der Reichsversicherung und an ihre Stelle tretende Ersatzkassen, Krankenkassen der selbständigen Handwerker sowie Vereinigungen von Trägern der Reichsversicherung bei der Erfüllung ihrer gesetzlichen oder satzungsgemäßen Aufgaben.

(4) Im Fall der Nr. 2 beschränkt sich die Befreiung auf diejenigen Grundstücke, die unmittelbar zu den daselbst bezeichneten Zwecken bestimmt sind; bei den Personen-

---

Fassung vom 31. Juli 1925 (RGBl. I S. 165) übernommen worden.

[2]) Die Befugnisse des Reichsrats sind auf den Reichsminister der Finanzen übergegangen (§ 2 Abs. 2 des Gesetzes über die Aufhebung des Reichsrats vom 14. Februar 1934 [RGBl. I S. 89]).

vereinigungen setzt die Befreiung außerdem voraus, daß der zu verteilende Reingewinn satzungsgemäß auf eine Verzinsung von jährlich höchstens fünf vom Hundert der eingezahlten Kapitalanlagen beschränkt, bei Auslosungen, Ausscheiden eines Mitglieds oder für den Fall der Auflösung der Personenvereinigung nicht mehr als die eingezahlten Kapitalanlagen zugesichert und bei der Auflösung der etwaige Rest des Vermögens für Zwecke der genannten Art bestimmt ist.

§ 22.

Das Landesfinanzamt soll die Steuer auf Antrag bei Grundstückserwerbungen durch milde Stiftungen erlassen, wenn das zu erwerbende Grundstück den Stiftungszwecken unmittelbar dient und die Vermögensverhältnisse der Stiftung den Erlaß rechtfertigen.

§ 23.

(1) Die Steuerstelle hat die Steuer auf Antrag zu erlassen oder zu erstatten

a) im Fall der Steuerpflicht nach § 1:
   1. bei Nichtigkeit der Auflassung oder des sonstigen den Eigentumserwerb begründenden Rechtsvorgangs,
   2. bei Rückerwerb des Eigentums infolge Nichterfüllung der Vertragsbedingungen des Veräußerungsgeschäfts,
   3. bei Rückerwerb des Eigentums innerhalb zweier Jahre seit der Veräußerung,
   4. bei Preisminderung nach den §§ 459, 460 des Bürgerlichen Gesetzbuchs, soweit sie eine Ermäßigung der Steuer zur Folge haben würde;

b) im Fall der Steuerpflicht nach § 5:
   1. bei Nichtigkeit des Rechtsgeschäfts,
   2. bei Aufhebung des Rechtsgeschäfts durch Vereinbarung oder infolge Ausübung eines vorbehaltenen Rücktrittsrechts,
   3. wenn die Veräußerung infolge Nichterfüllung der Vertragsbedingungen rückgängig gemacht wird,
   4. wenn der Antrag zur Schließung eines Veräußerungsgeschäfts sowie der nur den Veräußerer bin-

dende Vertrag über Schließung eines Veräußerungsgeschäfts (§ 5 Absatz 4 Nr. 2) fortgefallen ist, ohne daß das Veräußerungsgeschäft zustande gekommen ist,

5. bei Preisminderung nach den §§ 459, 460 des Bürgerlichen Gesetzbuchs, soweit sie eine Ermäßigung der Steuer zur Folge haben würde.

(2) Der Antrag muß innerhalb eines Jahres vom Tag der Entrichtung oder Beitreibung der Steuer ab gestellt werden. Wird er auf Tatsachen gestützt, die erst nach der Entrichtung oder Beitreibung eingetreten sind, so beginnt die Frist mit dem Tag, an dem der Antragsteller von diesen Tatsachen Kenntnis erhalten hat.

§§ 24 bis 27
(fortgefallen).

§ 28[1]).

(1) In dem Fall des § 10 haben die Inhaber der gebundenen Grundstücke und die gesetzlichen Vertreter der dort genannten Vereinigungen, Anstalten und Stiftungen mindestens zwei Monate vor Ablauf des zwanzigjährigen Zeitraums der Steuerstelle Anzeige zu erstatten.

(2) Die Steuerpflicht nach § 10 tritt zum ersten Mal mit dem 1. Januar 1929 oder an dem späteren nach dem Inkrafttreten des Gesetzes liegenden Tag ein, an dem ein zehnjähriger Zeitraum seit der Bindung (§ 10 Abs. 1 Nr. 1) oder dem Erwerb (§ 10 Abs. 1 Nr. 2) abläuft. Die Steuer wird das erste Mal nur in Höhe von eins vom Hundert erhoben.

(3) Die Veranlagung und Erhebung der Steuer des § 10 wird bis auf weiteres ausgesetzt.

§ 29
(fortgefallen).

§ 30

Die Steuer ist binnen einer Woche nach der Bekanntgabe des Steuerbescheids zu leisten.

---

1) Siehe S. 94 Anm. 1.

§ 31.

(1) Die Entscheidung über Anträge auf Erlaß der Steuer aus Billigkeitsgründen hat die Zuschläge nach dem Finanzausgleichsgesetz zu umfassen. Bei der Entscheidung solcher Anträge sollen insbesondere diejenigen Fälle berücksichtigt werden, in denen der Erwerb von Grundstücken durch einen Hypotheken-, Grundschuld-, Rentenschuld- oder Reallastgläubiger zur Rettung seiner Hypothek, Grundschuld, Rentenschuld oder Reallast erfolgt.

(2) Der Reichsrat[1]) ist ermächtigt, allgemein Rechtsvorgänge für steuerpflichtig zu erklären, die es einem anderen ermöglichen, über das Grundstück wie ein Eigentümer zu verfügen. Diese Erklärungen sind dem Reichstag, wenn er versammelt ist, sofort, andernfalls bei seinem nächsten Zusammentreten vorzulegen. Sie sind mit Wirkung von ihrem Inkrafttreten an außer Kraft zu setzen, soweit der Reichstag es verlangt[2]).

§ 32.

(Ersetzt durch § 12 der Reichsabgabenordnung in der Fassung des § 21 Ziffer 3 des Steueranpassungsgesetzes vom 16. Oktober 1934 [RGBl. I S. 925; RStBl. S. 1149].)

§ 33.

(1) Die Vorschriften des Reichsstempelgesetzes, der Landesgesetze und der Satzungen der Gemeinden (Gemeindeverbände), welche die Erhebung einer Abgabe von Grundstücksübertragungen oder der im § 10 genannten Art[3]) betreffen, treten mit Wirkung vom 1. Oktober 1919 außer Kraft, unbeschadet der Durchführung des Erhebungsverfahrens für die bis zum 30. September 1919

---

1) Siehe S. 101 Anm. 2.

2) Abs. 2 Sätze 2, 3 ist rechtlich nicht aufgehoben, widerspricht aber den Grundsätzen der Staatsführung, wonach der Reichstag in die laufende Verwaltungsarbeit nicht mehr eingeschaltet ist.

3) Siehe S. 94 Anm. 1.

steuerpflichtig gewordenen Rechtsvorgänge. Dies betrifft auch Abgaben, welche die Steuerpflicht nicht an den Eigentumserwerb, sondern an den Abschluß des Veräußerungsgeschäfts anknüpfen oder welche die Fälle des § 10 in der Form einer jährlichen Abgabe besteuern [1]), nicht dagegen Abgaben auf die Bindung eines Grundstücks.

(²) Neue Abgaben der im Absatz 1 genannten Art dürfen von den Ländern, Gemeinden und Gemeindeverbänden nicht eingeführt werden.

(³) Ist ein Rechtsvorgang nach dem Grunderwerbsteuergesetz zu besteuern, der bereits nach den durch die vorstehende Vorschrift aufgehobenen Rechtssätzen zur Erhebung einer Abgabe Anlaß gegeben hat, so ist diese Abgabe auf die Grunderwerbsteuer anzurechnen, und zwar zunächst auf den Anteil desjenigen am Aufkommen an der Grunderwerbsteuer beteiligten Verbands, zu dessen Gunsten die frühere Abgabe erhoben wurde.

Anlage

D. Anhang Ziffer 2.

Erbhofrechtsverordnung
(EHRV.)

Vom 21. Dezember 1936
(Reichsgesetzbl. I S. 1069).

Auszug.

§ 42.

Befreiung von Steuern.

(1) Von der Erbschaftsteuer, Grunderwerbsteuer einschließlich der Zuschläge, der Urkundensteuer und der Steuer der Gemeinden (Gemeindeverbände) vom Zubehör (Gewerbeanschaffungssteuer) sind ausgenommen:

1. der Übergang des Erbhofs auf den Anerben im Wege der Erbfolge oder des Übergabevertrags;
2. die vom Anerbengericht gemäß § 37 des Gesetzes ausnahmsweise zugelassene Übertragung des Erbhofs auf eine nicht anerbenberechtigte Person, wenn der Vertrag seinem sachlichen Inhalt nach einem Übergabevertrag entspricht;
3. der Übergang eines Erbhofs, der im Eigentum mehrerer Personen steht, in das Alleineigentum einer bauernfähigen Person;
4. der Erwerb von Grundbesitz, wenn durch den Erwerb ein neuer Erbhof gebildet wird. Wird eine Besitzung durch den zeitlich aufeinanderfolgenden Erwerb von einzelnen Grundstücken auf eine Ackernahrung vergrößert, so gilt die Befreiung nur für

den letzten Erwerb, durch den die Besitzung unmittelbar Erbhofeigenschaft erlangt;

5. der Übergang einer über hundertfünfundzwanzig Hektar großen Besitzung in das Alleineigentum einer bauernfähigen Person oder in das Eigentum eines bauernfähigen Ehepaars, wenn innerhalb von drei Monaten seit dem Übergang der im § 5 des Gesetzes vorgesehene Antrag auf Befreiung von den Erfordernissen des § 3 des Gesetzes beim Anerbengericht eingereicht wird und die Besitzung nach Genehmigung des Antrags Erbhofeigenschaft erlangt.

(2) Wenn im Falle des Absatzes 1 Nr. 5 die Voraussetzung für die Steuerbefreiung erst nach Entstehung der Steuerschuld eintritt, werden die bezeichneten Steuern auf Antrag erlassen oder erstattet; der Antrag kann nur innerhalb eines Jahres seit dem Zeitpunkt gestellt werden, in dem die Besitzung Erbhofeigenschaft erlangt hat.

D. Anhang Ziffer 3.

Erbhoferlaß.

Der Reichsminister der Finanzen

$\frac{\text{S 4504 — 154 III}}{\text{S 3804 A — 37 III}}$ Berlin W 8, 17. März 1937. Wilhelmplatz 1/2.

Betrifft: Steuervergünstigungen beim Übergang und bei der Neubildung von Erbhöfen.

I. Allgemeines.

(1) Die Vorschriften zur Durchführung und Ergänzung des Reichserbhofgesetzes, die bisher in den Durchführungsverordnungen vom 19. Oktober 1933, vom 19. Dezember 1933 und vom 27. April 1934 enthalten waren, sind in der Erbhofrechtsverordnung (EHRV.) vom 21. Dezember 1936 (Reichsgesetzbl. I S. 1069) und in der Erbhofverfahrensordnung (EHVfO.) vom 21. Dezember 1936 (Reichsgesetzbl. I S. 1082) zusammengefaßt worden. Die Neuregelung ist am 23. Dezember 1936 in Kraft getreten. Die bisherigen Durchführungsverordnungen sind mit demselben Tag außer Kraft gesetzt worden.

(2) Die Steuervergünstigungen für den Übergang und für die Neubildung von Erbhöfen, die bisher im Reichserbhofgesetz (REG.), in den Durchführungsverordnungen zu diesem Gesetz und in meinen Runderlassen vom 22. Dezember 1934 $\frac{\text{S 4430 — 109 III}}{\text{S 3804 A — 14 III}}$ und vom 8. November 1935 $\frac{\text{S 4430 — 139 III}}{\text{S 3804 A — 29 III}}$ geregelt waren, sind zusammengefaßt und

erweitert worden. Die neuen Bestimmungen über die Steuervergünstigungen ergeben sich aus § 42 EHRV. und den Abschnitten II ff. dieses Runderlasses. Ein Abdruck des § 42 EHRV. ist beigefügt.

(3) Die Steuervergünstigungen stellen sachliche Befreiungen dar, die sowohl dem Veräußerer als auch dem Erwerber zugute kommen. Sie beziehen sich selbstverständlich nur auf Erbhöfe im Sinn der reichsrechtlichen Erhofgesetzgebung, nicht auf Besitzungen, die sich auf Grund landesrechtlicher Vorschriften nach Anerbenrecht vererben (vgl. § 60 Absatz 2 REG., § 46 EHRV.), ohne Erbhöfe zu sein.

(4) Darüber, ob eine Besitzung zur Zeit des Übergangs Erbhof ist oder in der Hand des Erwerbers Erbhof wird, entscheidet das Anerbengericht (§ 10 REG.). Es empfiehlt sich deshalb, beim Anerbengericht anzufragen, wenn Zweifel bestehen. In Zukunft wird ein Auszug aus der Erbhöferolle verlangt werden können. Zur Zeit wird die Erbhöferolle noch nicht überall fertig vorliegen.

(5) Zu beachten ist, daß auch Familienfideikommisse und früher fideikommissarisch gebundene Besitzungen, deren Eigentümer noch nach Art eines Vorerben beschränkt sind, Erbhöfe sein können (vgl. § 44 EHRV.). Auch auf den Übergang einer solchen Besitzung können daher die Voraussetzungen für eine Steuerbefreiung nach § 42 EHRV. zutreffen. Das gleiche gilt für Erbpachtgüter und Lehnbauerngüter, die nach § 45 EHRV. Erbhöfe sein können.

(6) Beim Übergang eines Erbhofs, insbesondere beim Übergang von Todes wegen, geht oft auch nicht zum Erbhof gehörendes Vermögen mit über. Selbstverständlich fällt der Übergang dieses Vermögens nicht mit unter die Vergünstigungen des § 42 EHRV. Auf den Mitübergang solchen Vermögens wird daher bei Erbhofübergängen zu achten sein.

II. Steuerbegünstigte Fälle.

Die Steuervergünstigungen gelten für die Erbschaftsteuer, die Grunderwerbsteuer einschließlich der Zuschläge, die Urkundensteuer und die Steuer der Gemeinden (Gemeindeverbände) vom Zubehör (Gewerbeanschaffungssteuer).

1. Übergang eines Erbhofs auf den Anerben.

(1) Durch § 55 REG. und § 42 Absatz 1 Ziffer 1 EHRV. wird der Übergang des Erbhofs auf den Anerben befreit. Dabei macht es keinen Unterschied, ob der Hof im Weg der Erbfolge oder auf Grund eines Übergabevertrags auf den Anerben übergeht. Es ist auch ohne Bedeutung, ob der Anerbe kraft Gesetzes berufen oder vom Bauern auf Grund der Ermächtigung in § 25 REG., §§ 9 bis 10 EHRV. zulässigerweise zum Anerben bestimmt ist.

(2) Die Befreiung gilt auch für den Austausch eines Erbhofs auf Grund des § 22 Absätze 2, 3 REG. und für die Entziehung des Eigentums an einem Erbhof und die Übertragung auf die vom Reichsbauernführer vorgeschlagene bauernfähige Person auf Grund des § 15 Absätze 3, 4 REG. und der §§ 95 bis 98 EHVfO.

2. Übergang eines Erbhofs auf eine nicht anerbenberechtigt Person.

(1) Durch § 42 Absatz 1 Ziffer 2 EHRV. wird der Übergang des Erbhofs auf eine nicht anerbenberechtigte Person befreit, wenn die Übertragung vom Anerbengericht gemäß § 37 REG. genehmigt ist und der Vertrag seinem sachlichen Inhalt nach einem Übergabevertrag entspricht. Diese Vorschrift stellt eine Erweiterung gegenüber dem bisherigen Recht dar.

(2) § 37 REG. sieht vor, daß der Bauer den Erbhof in Ausnahmefällen mit Genehmigung des Anerbengerichts an eine nicht anerbenberechtigte Person veräußern darf, obwohl gesetzliche Anerbenberechtigte vorhanden sind. Eine Steuervergünstigung kommt bei einer solchen Veräußerung des Erbhofs an eine nicht anerbenberechtigte Person nur dann in Betracht, wenn der Veräußerungsvertrag seinem sachlichen Inhalt nach einem Übergabevertrag

entspricht. Der Hofübernehmer kann mit dem Bauern verwandt oder verschwägert oder auch ein Familienfremder sein, der vom Bauern aus einem besonderen Grund wie ein anerbenberechtigtes Familienmitglied behandelt wird. Die Vergünstigung hängt nicht von der Person des Erwerbs, sondern nur davon ab, daß die Übernahmebestimmungen, unter denen der Hofübernehmer den Hof erhält, sich sachlich im Rahmen der Bestimmungen halten, die der Bauer in einem Übergabevertrag mit seinem gesetzlichen Anerben vereinbaren darf. Die Übernahmebestimmungen dürfen also für den Erwerber nicht wesentlich ungünstiger sein als die, die für den Fall der gesetzlichen Erbfolge vom Gesetzgeber vorgesehen sind.

(3) Der Bauer kann im Übergabevertrag ausreichenden Unterhalt (Altenteil) für sich und seinen Ehegatten ausbedingen. Er kann auch die Versorgung der übergangenen anerbenberechtigten Personen regeln. Der Altenteil und die Versorgungsregelung müssen sich aber grundsätzlich im Rahmen der Vorschriften der §§ 30, 31 REG. halten.

(4) Dem Grundgedanken des Übergabevertrags widerspricht es in der Regel, wenn ein Gutsabstandgeld vereinbart wird. Das Gutsabstandsgeld kann ein verdeckter Kaufpreis sein. Die Vereinbarung eines Kaufpreises, sei es in offener oder verdeckter Form, ist mit dem Wesen des Übergabevertrags nicht in Einklang zu bringen. Für die Veräußerung eines Erbhofs unter Vereinbarung eines offenen oder verdeckten Kaufpreises ist die Steuer nach den allgemeinen Vorschriften zu entrichten, auch wenn die Veräußerung vom Anerbengericht genehmigt worden ist.

3. Übergang eines Ehegattenerbhofs.

(1) § 42 Absatz 1 Ziffer 3 EHRV. enthält Steuervergünstigungen für den Übergang eines Erbhofs, der im Eigentum mehrerer Personen steht, in das Alleineigentum einer bauernfähigen Person. Als Erbhöfe, die im Eigentum mehrerer Personen stehen, kommen nur in Betracht Besitzungen

a) im Gesamtgut einer ehelichen Gütergemeinschaft oder sonst im Miteigentum von Ehegatten (§§ 17, 23, 25 EHRV.) oder
b) zum Teil im Alleineigentum des einen Ehegatten und zum Teil im Alleineigentum des andern Ehegatten (§ 18 Absatz 1 Ziffer 1 EHRV.) oder
c) zum Teil im gemeinschaftlichen Eigentum beider Ehegatten und zum Teil im Alleineigentum eines oder jedes der Ehegatten (§ 18 Absatz 1 Ziffer 2 EHRV.) oder
d) im Gesamtgut einer fortgesetzten ehelichen Gütergemeinschaft (§ 24 EHRV.).

(2) Der Übergang eines solchen Erbhofs auf eine bauernfähige Person bleibt steuerfrei. Daß der Erwerber bereits Miteigentümer ist oder zu den anerbenberechtigten Personen des einen oder des andern Miteigentümers gehört, ist nicht erforderlich.

(3) Diese Regelung entspricht dem bisherigen Rechtszustand. Ihr Anwendungsgebiet ist aber durch § 17 Absätze 2 und 3 und § 18 Absätze 2 und 3 EHRV. erweitert worden. Besitzungen von Ehegatten waren bisher nur dann Erbhof, wenn sie am 1. Oktober 1933 (dem Tag des Inkrafttretens des Reichserbhofgesetzes) im Miteigentum von Ehegatten standen oder wenn sie am 21. Dezember 1933 (dem Tag des Inkrafttretens der Zweiten Durchführungsverordnung) zum Teil im Alleineigentum des Ehemanns und zum Teil im Alleineigentum der Ehefrau oder zum Teil im gemeinschaftlichen Eigentum und zum Teil im Alleineigentum der Ehegatten standen. Nach § 17 Absatz 2 und § 18 Absatz 2 EHRV. werden dagegen auch solche Besitzungen von Ehegatten, bei denen die Voraussetzungen für die Bildung eines Erbhofs erst nach dem bezeichneten Zeitpunkt erfüllt sind, mit dem Inkrafttreten der Erbhofrechtsverordnung Ehegattenerbhöfe. Nach § 17 Absatz 3 und § 18 Absatz 3 EHRV. werden Besitzungen von Ehegatten, bei denen künftig die Voraussetzungen für die Bildung eines Erbhofs erfüllt werden, mit dem Eintritt dieser Voraussetzungen Ehegattenerbhöfe.

(4) Wie bisher soll der Übergang des Anteils eines anteilsberechtigten Abkömmlings an einem zu einer fortgesetzten Gütergemeinschaft gehörenden Erbhof (oben zu d) beim Tod des Abkömmlings von der Erbschaftssteuer § 5 Absatz 2 ErbStG.) im Billigkeitsweg freibleiben.

4. Neubildung eines Erbhofs durch Übergang einer erbhoffähigen Besitzung oder durch Übergang von einzelnen Grundstücken.

(1) Durch § 42 Absatz 1 Ziffer 4 EHRV. wird der Erwerb von Grundbesitz von der Steuer befreit, wenn durch den Erwerb ein neuer Erbhof gebildet wird. Die Vergünstigung gilt für den Erwerb eines land- und forstwirtschaftlichen Betriebs, wenn der Betrieb in der Hand des Erwerbers Erbhof wird. Die Regelung entspricht sachlich der bisher aus Billigkeitsgründen gewährten Vergünstigung. Es kommen hier z. B. die Fälle in Betracht, bei denen eine bauernfähige Person erbhoffähigen Grundbesitz von einer Personenmehrheit (Erbengemeinschaft, offenen Handelsgesellschaft usw.), einer juristischen Person, einem Nichtarier, einem Ausländer oder von einer entmündigten oder nicht ehrbaren Person (§§ 12 bis 15 REG.) erwirbt. Die Befreiung gilt aber auch für den Hinzuerwerb von einzelnen Grundstücken zu einem kleinen Betrieb, wenn die Besitzung durch diesen Hinzuerwerb unmittelbar Erbhofeigenschaft erlangt. Die Befreiung ist jetzt auch anwendbar, wenn Ehegatten Grundbesitz erwerben, vorausgesetzt, daß die Besitzung durch den Erwerb unmittelbar Erbhofeigenschaft erlangt (vgl. § 17 Absatz 3, § 18 Absatz 3 EHRV.).

(2) Die Steuerbefreiung kommt nicht in Betracht für den Hinzuerwerb von Grundbesitz zu einem bereits bestehenden Erbhof oder für den Austausch von Teilen eines Erbhofs mit Grundstücken eines andern Besitzers (abgesehen von dem besonderen Fall des Austausches von Erbhöfen auf Grund des § 22 Absätze 2, 3 REG., s. oben bei II Ziffer 1 Absatz 2).

5. Neubildung eines Erbhofs durch Übergang einer über 125 ha großen Besitzung.

(1) § 42 Absatz 1 Ziffer 5 EHRV. enthält eine Steuervergünstigung für den Übergang einer über 125 ha großen Besitzung in das Alleineigentum einer bauernfähigen Person oder in das Eigentum eines bauernfähigen Ehepaars, wenn innerhalb von drei Monaten seit dem Übergang der im § 5 REG. vorgesehene Antrag beim Anerbengericht eingereicht wird und die Besitzung nach Genehmigung des Antrags Erbhofeigenschaft erlangt.

(2) Die Befreiung ist nicht mehr davon abhängig, daß eine nicht bauernfähige Person, eine juristische Person oder mehrere Personen Eigentümer der Besitzung waren. Der Übergang ist auch dann befreit, wenn die Besitzung von einer bauernfähigen Person an eine andere bauernfähige Person oder an bauernfähige Eheleute veräußert wird.

(3) Auf die in § 42 Absatz 2 EHRV. unter gewissen Voraussetzungen vorgesehene Möglichkeit eines Steuererlasses oder einer Steuererstattung in Fällen des § 42 Absatz 1 Ziffer 5 wird hingewiesen.

III. Besonderheiten für Erbschaftsteuer.

(nicht abgedruckt).

IV. Übergangsregelung.

(1) Die erweiterten Steuerbefreiungen gelten vom 23. Dezember 1936 ab. Ich bin damit einverstanden, daß aus Billigkeitsgründen diese Befreiungen auch bei Steuerfällen aus der Zeit vor dem 23. Dezember 1936 gewährt werden, soweit die Steuer noch nicht rechtskräftig festgesetzt ist.

(2) Die Runderlasse vom 22. Dezember 1934 und vom 8. November 1935 werden damit gegenstandslos.

Im Auftrag

gez. Schaefer.

8*

D. Anhang Ziffer 4.

Treuhanderlaß.

Der Reichsminister der Finanzen

S 4545 A — 215 III Berlin W 8, 18. Juni 1940.
Wilhelmplatz 1/2.

Betrifft: Grunderwerbsteuer,
hier: Treuhandgeschäfte.

Die Begründung und die Auflösung eines Treuhandverhältnisses unterliegen je nach der rechtlichen Gestaltung des Einzelfalls zweimal oder zusammen nur einmal der Steuer. Die zweimalige Erhebung der Steuer kann zu Unbilligkeiten führen. Ich treffe deshalb in diesem Runderlaß Anordnungen zur Beseitigung dieser Unbilligkeiten.

Dieser Runderlaß enthält Richtlinien für die Verwaltung und allgemeine Verwaltungsanordnungen über die Frage der Steuerpflicht der Begründung und der Auflösung der Treuhandverhältnisse und über die Frage der Steuerpflichtigkeit des Treugeberwechsels und des Treuhänderwechsels.

Dieser Runderlaß ergeht auf Grund des § 17 Absatz 2 Satz 1 der Reichsabgabenordnung.

Fall 1: Der Eigentümer eines Grundstücks überträgt das Eigentum auf einen Treuhänder.

Der Treuhänder wird Eigentümer des Grundstücks; dem bisherigen Eigentümer verbleibt die Verfügungsmacht, er wird Treugeber. Der Vorgang unterliegt § 1

Absatz 1 GrEStG. gemäß der Grunderwerbsteuer. Die Steuer wird § 10 Absatz 2 Ziffer 1 GrEStG. gemäß vom Wert des Grundstücks berechnet.

Hier kommen die folgenden weiteren Erwerbsvorgänge in Betracht:

a) Der Treuhänder überträgt das Eigentum an den Treugeber zurück. Der Rechtsvorgang ist § 1 Absatz 1 GrEStG. gemäß der Grunderwerbsteuer unterworfen. Die Steuer wird § 10 Absatz 2 Ziffer 1 GrEStG. gemäß vom Wert des Grundstücks berechnet.

Die Begründung und die Auflösung des Treuhandverhältnisses erfordert demnach zweimal die Steuer. Die zweifache Besteuerung erscheint unbillig. Ein Übergang der Verfügungsmacht hat nicht stattgefunden. Ich bin in Fällen dieser Art zur Vermeidung einer zweifachen Besteuerung des Treuhandgeschäfts damit einverstanden, daß die Finanzämter von der Geltendmachung der Steuer von der Rückübertragung des Grundstücks vom Treuhänder auf den Treugeber absehen. Voraussetzung ist, daß die Steuer für die Übereignung des Grundstücks vom Treugeber auf den Treuhänder entrichtet worden ist, das Treuhandverhältnis einwandfrei nachgewiesen wird und keine Anhaltspunkte dafür vorliegen, das Treuhandverhältnis habe unlauteren Zwecken gedient. Ein unlauterer Zweck liegt insbesondere vor, wenn beabsichtigt wurde, eine Rechtsvorschrift zu umgehen.

Wurde das Treuhandverhältnis vor dem Inkrafttreten des neuen Gesetzes begründet und fand die Rückübertragung nach dem Inkrafttreten des neuen Gesetzes statt, so bin ich ebenfalls damit einverstanden, daß von der Geltendmachung der Steuer unter den bezeichneten Voraussetzungen abgesehen wird.

b) Der Treugeber überträgt auch die Verfügungsmacht auf den Treuhänder, so daß der Treuhänder das volle Eigentum am Grundstück erlangt. Die Übertragung der Verfügungsmacht durch den Treugeber unterliegt dere Steuer nach § 1 Absatz 2 und § 1 Absatz 5 Satz 2 GrEStG. Auf Grund der Vorschrift des § 1 Absatz 5 Satz 3 GrEStG. wird jedoch im Ergebnis für beide Rechtsvorgänge zusammen nur eine Steuer von der Gegenleistung oder dem etwa höheren Einheitswert erhoben (Hinweis auf das zweite Beispiel im letzten Absatz der Begründung zu § 1 GrEStG., RStBl. 1940 S. 393).

c) Der Treuhänder übereignet das Grundstück im Einvernehmen mit dem Treugeber einem Dritten. Es liegen zwei Erwerbsvorgänge vor.

aa) Der Treuhänder ist auf Grund des Treuhandverhältnisses § 667 BGB. gemäß zur Rückübertragung des Grundstücks verpflichtet, wenn der Treugeber es verlangt. Stellt der Treugeber dieses Verlangen, so wird die bedingte Verpflichtung des Treuhänders zur Eigentumsübertragung zu einer unbedingten. In dem Zeitpunkt, in dem der Treuhänder angewiesen wird, das Grundstück in Erfüllung des dem Treugeber zustehenden Übereignungsanspruchs unmittelbar einem Dritten zu übereignen, entsteht § 3 Absatz 5 Ziffer 5 Buchstabe a StAnpG. gemäß die Steuerschuld auf Grund des § 1 Absatz 1 GrEStG. Die Auflösung des Treuhandverhältnisses durch Übertragung des Grundstücks auf einen Dritten steht dem Fall gleich, in dem das Grundstück zunächst vom Treuhänder auf den Treugeber und erst dann vom Treugeber auf den Dritten übereignet wird. Die Steuer wird § 10 Absatz 2 Ziffer 1 GrEStG. gemäß vom Wert des Grundstücks berechnet.

Ich bin jedoch damit einverstanden, daß von der Geltendmachung der Steuer unter den in Buchstabe a bezeichneten Voraussetzungen abgesehen wird.

bb) Der Steuer unterliegt auch das Rechtsgeschäft, durch das der Dritte den Anspruch auf Übereignung des Grundstücks oder das Eigentum am Grundstück erwirbt. Die Steuer wird § 10 Absatz 1 GrEStG. gemäß vom Wert der Gegenleistung, z. B. vom Kaufpreis, berechnet.

d) Der Treugeber überträgt die Verfügungsmacht einem anderen Treugeber. Nach § 1 Absatz 2 GrEStG.

unterliegt der Steuer auch die Übertragung der Verfügungsmacht durch den Treugeber. Ich weise auf die Ausführungen unter Buchstabe b hin. Die Steuer ist § 10 Absatz 1 GrEStG. gemäß vom Wert der Gegenleistung zu berechnen.

e) Der Treuhänder überträgt das Grundstück im Einvernehmen mit dem Treugeber einem anderen Treuhänder. Es liegen zwei grunderwerbsteuerpflichtige Rechtsvorgänge vor. Ich nehme auf meine Ausführungen unter Buchstabe c Bezug.

Ich bin jedoch damit einverstanden, daß von der Geltendmachung der Steuer für den Rechtsvorgang zwischen dem Treuhänder und dem Treugeber unter den in Buchstabe a bezeichneten Voraussetzungen abgesehen wird.

Der Rechtsvorgang, durch den der neue Treuhänder den Anspruch auf Übereignung des Grundstücks oder das Eigentum am Grundstück erlangt, ist ebenso wie der Rechtsvorgang, durch den der erste Treuhänder das Eigentum erworben hat, zu versteuern.

Fall 2: Der Eigentümer eines Grundstücks überträgt die Verfügungsmacht einem Treugeber.

Der Eigentümer erlangt die Rechtstellung eines Treuhänders, bleibt aber Eigentümer des Grundstücks. Der Rechtsvorgang ist § 1 Absatz 2 GrEStG. gemäß der Steuer unterworfen. Die Steuer wird nach § 10 Absatz 1 GrEStG. vom Wert der Gegenleistung berechnet.

Hier kommen die folgenden weiteren Erwerbsvorgänge in Betracht:

a) Der Treugeber überträgt die Verfügungsmacht zurück, so daß der Treuhänder nunmehr das volle Eigentum wiedererlangt. Der Rechtsvorgang ist § 1 Absatz 2 GrEStG. gemäß der Steuer unterworfen. Die Steuer wird § 10 Absatz 1 GrEStG. gemäß vom Wert der Gegenleistung berechnet.

b) Der Treuhänder überträgt dem Treugeber auch das Eigentum. Der Vorgang unterliegt nach § 1 Absatz 1 in Verbindung mit § 1 Absatz 5 Satz 1 Gr.-

EStG. der Steuer. Auf Grund des § 1 Absatz 5 Satz 3 GrEStG. wird jedoch für beide Rechtsvorgänge zusammen nur eine Steuer von der gesamten Gegenleistung erhoben (Hinweis auf das letzte Beispiel im letzten Absatz der Begründung zu § 1 GrEStG., RStBl. 1940 S. 393).

c) Der Treuhänder übereignet das Grundstück im Einvernehmen mit dem Treugeber einem Dritten. Ich weise auf die Ausführungen unter Buchstabe c hin.

Das Rechtsgeschäft zwischen dem Treuhänder und dem Treugeber ist nach § 1 Absatz 1 in Verbindung mit § 1 Absatz 5 Satz 1 GrEStG. steuerpflichtig. Auf Grund der Vorschrift des § 1 Absatz 5 Satz 3 GrESt.-G. wird jedoch im Ergebnis für die beiden Rechtsvorgänge zwischen dem Treuhänder und dem Treugeber zusammen nur eine Steuer erhoben.

Der Steuer unterliegt auch das Rechtsgeschäft, durch das der Dritte den Anspruch auf übereignung des Grundstücks oder das Eigentum am Grundstück erlangt. Die Steuer wird § 10 Absatz 1 GrEStG. gemäß vom Wert der Gegenleistung, z. B. vom Kaufpreis, berechnet.

Fall 3: Der Treuhänder erwirbt das Eigentum im Auftrag des Treugebers von einem Dritten.

Der Treuhänder wird Eigentümer des Grundstücks. Der Treugeber erlangt die Verfügungsmacht. Es liegen zwei steuerpflichtige Rechtsvorgänge vor. Der Steuer unterliegt einerseits § 1 Absatz 1 GrEStG. gemäß das Geschäft zwischen dem Treuhänder und dem Dritten, durch das der Treuhänder von dem Dritten das Grundstück erwirbt. Die Steuer ist regelmäßig § 10 Absatz 1 GrEStG. gemäß vom Wert der Gegenleistung zu berechnen. Anderseits erlangt der Treugeber gleichzeitig mit dem Erwerb des Eigentums durch den Treuhänder die Verfügungsmacht. Dieser Vorgang unterliegt der Steuer nach § 1 Absatz 2 GrEStG. Der Rechtsvorgang beruht auf einem Grundstücksbeschaffungsauftrag. Im Fall eines Grundstücksbeschaffungsauftrags ist die Steuer vom Wert der Gegenleistung zu berechnen. Gegenleistung sind die

Leistungen, die dem Treugeber dem Treuhänder gegenüber nach § 670 BGB. aus der Ausführung des Grundstücksbeschaffungsauftrags obliegen. Solche Leistungen sind die Erstattung des Erwerbspreises, der Erwerbskosten und der durch den Treuhänder etwa gezahlten Wertzuwachssteuer. Die Erstattung der dauernden sachlichen Verbesserungen gehört für die Grunderwerbsteuer nicht zu diesen Leistungen.

Hier kommen die folgenden weiteren Erwerbsvorgänge in Betracht:

a) Der Treuhänder übereignet das Grundstück dem Treugeber. Der Rechtsvorgang unterliegt nach § 1 Absatz 1 in Verbindung mit § 1 Absatz 5 Satz 1 GrEStG. der Steuer. Die Steuer wird § 10 Absatz 1 GrEStG. gemäß vom Wert der Gegenleistung berechnet. Auf Grund des § 1 Absatz 5 Satz 3 wird jedoch für beide Rechtsvorgänge zwischen dem Treuhänder und dem Treugeber zusammen nur eine Steuer erhoben.

b) Der Treugeber überträgt die Verfügungsmacht dem Treuhänder, so daß der Treuhänder das volle Eigentum am Grundstück erlangt. Der Rechtsvorgang unterliegt § 1 Absatz 2 GrEStG. gemäß der Steuer. Die Steuer wird nach § 10 Absatz 1 GrEStG. vom Wert der Gegenleistung berechnet.

c) Der Treuhänder übereignet das Grundstück im Einvernehmen mit dem Treugeber einem Dritten. Ich nehme auf die Ausführungen unter 1 Buchstabe c Bezug.

Das Rechtsgeschäft zwischen dem Treuhänder und dem Treugeber ist nach § 1 Absatz 1 in Verbindung mit § 1 Absatz 5 Satz 1 GrEStG. der Steuer unterworfen. Die Steuer wird § 10 Absatz 1 GrEStG. gemäß vom Wert der Gegenleistung berechnet. Auf Grund der Vorschrift des § 1 Absatz 5 Satz 3 wird jedoch im Ergebnis für beide Geschäfte zwischen dem Treuhänder und dem Treugeber zusammen nur eine Steuer erhoben.

Der Steuer unterliegt auch das Rechtsgeschäft, durch das der Dritte den Anspruch auf Übereignung des Grundstücks oder das Eigentum am Grundstück erwirbt. Die Steuer wird nach § 10 Absatz 1 GrEStG. vom Wert der Gegenleistung, z. B. vom Kaufpreis, berechnet.

Zu 1 bis 3.

Soweit Verträge der in § 313 Satz 1 BGB. vorgeschriebenen Form unterliegen, aber ohne Beobachtung dieser Form geschlossen werden, weise ich auf § 313 Satz 2 BGB. und § 5 Absatz 3 StAnpG. hin.

Die Anwendung des § 17 GrEStG. bleibt unberührt.

Im Auftrag: Trapp.

D. Anhang Ziffer 5 und 6.

Gesetz über die Gemeinnützigkeit im Wohnungswesen.

Wohnungsgemeinnützigkeitsgesetz (WGG.)

Vom 29. Februar 1940 (RGBl. I S. 438).

Die gemeinnützigen Wohnungsunternehmen fördern durch den Bau gesunder und preiswerter Wohnstätten für deutsche Volksgenossen, durch ihre Verbindung mit dem Heimatboden, durch die Errichtung von Gemeinschaftsanlagen und durch die Pflege der Hausgemeinschaft das nationalsozialistische Siedlungswerk der Reichsregierung. Ihre Arbeit ist Dienst an der Volksgemeinschaft.

I. Allgemeines

§ 1

(1) Wohnungsunternehmen gelten nur dann als gemeinnützig, wenn sie auf Grund dieses Gesetzes anerkannt sind.

(2) Wohnungsunternehmen, die auf Grund dieses Gesetzes als gemeinnützig anerkannt sind, gelten als Unternehmen, die ausschließlich und unmittelbar gemeinnützigen Zwecken dienen und deren wirtschaftlicher Geschäftsbetrieb über den Rahmen einer Vermögensverwaltung nicht hinausgeht.

II. Voraussetzungen für die Anerkennung

§ 2

Rechtsform und Bezirk

(1) Das Wohnungsunternehmen muß eine juristische Person sein.

(2) Ist das Wohnungsunternehmen eine Genossenschaft, so soll der Geschäftsbetrieb auf einen bestimmten Bezirk beschränkt sein.

§ 3

Kapital

(1) Ist das Wohnungsunternehmen eine Aktiengesellschaft, eine Kommanditgesellschaft auf Aktien oder eine Gesellschaft mit beschränkter Haftung, so müssen auf das Grund- oder Stammkapital mindestens 50000 Reichsmark eingezahlt sein. Die Anerkennungsbehörde (§ 16) kann hiervon nach Anhörung des Prüfungsverbandes (§ 14) Ausnahmen zulassen. Weitergehende Vorschriften des Aktienrechts bleiben unberührt.

(2) Ist das Wohnungsunternehmen eine Genossenschaft, so bestimmt die Anerkennungsbehörde die Mindestzahl der Genossen. Die Satzung soll bestimmen, daß der Geschäftsanteil bei der Genossenschaft mindestens 300 Reichsmark beträgt und daß er innerhalb dreier Jahre nach der gerichtlichen Eintragung des Genossen einzuzahlen ist. Die Anerkennungsbehörde kann vor der Anerkennung verlangen, daß der Geschäftsanteil auf einen anderen Betrag als 300 Reichsmark oder daß eine andere Einzahlungsfrist festgesetzt wird. Sie bestimmt, in welcher Höhe der Geschäftsanteil bis zur Anerkennung eingezahlt sein muß.

§ 4

Unabhängigkeit von Angehörigen des Baugewerbes

(1) Das Wohnungsunternehmen darf nicht unter dem überwiegenden Einfluß von Personen stehen, die unmittelbar oder mittelbar den Wohnungsbau, die Herstellung von Baustoffen, den Handel mit Baustoffen oder sonstige Geschäfte für den Wohnungsbau betreiben (Angehörige des Baugewerbes).

(2) Die Satzung des Wohnungsunternehmens soll sicherstellen, daß

a) die Mitglieder des Unternehmens nicht überwiegend aus Angehörigen des Baugewerbes bestehen,

b) die Angehörigen des Baugewerbes keinen bestimmenden Einfluß auf die Führung der Geschäfte ausüben.

(3) Mit Angehörigen des Baugewerbes, die an dem Wohnungsunternehmen durch Kapitaleinlagen oder als Mitglieder oder als Organe beteiligt sind, darf das Wohnungsunternehmen Rechtsgeschäfte zur Ausführung seiner Wohnungsbauten oder zu ihrer Verwaltung und Instandhaltung nur insoweit abschließen, als es die Durchführungsvorschriften gestatten.

§ 5
Betreuter Personenkreis

(1) Das Wohnungsunternehmen darf die Überlassung der Wohnungen, insbesondere ihre Veräußerung und Vermietung, nicht auf bestimmte Personen oder eine bestimmte Zahl von Personen beschränken; Beschränkungen auf eine Familie, einen Familienverband, die Gefolgschaft eines Unternehmens oder eine Vereinigung mit geschlossener Mitgliederzahl (begrenzter Personenkreis) sind unzulässig. Eine Beschränkung auf die Angehörigen der Deutschen Reichsbahn oder der Deutschen Reichspost gilt nicht als eine Beschränkung auf einen begrenzten Personenkreis.

(2) Ist das Wohnungsunternehmen eine Genossenschaft oder ein Verein, deren Mitgliederkreis ganz oder teilweise aus Wohnungsuchenden besteht, so gelten die Vorschriften des Abs. 1 auch dann als erfüllt, wenn die Wohnungen nur an Mitglieder überlassen werden. Es muß jedoch Gewähr dafür bestehen, daß neue Mitglieder eintreten können, und es darf der Erwerb der Mitgliedschaft nicht Beschränkungen im Sinne des Abs. 1 unterliegen.

§ 6
Geschäftskreis

(1) Das Wohnungsunternehmen muß sich satzungsgemäß und tatsächlich mit dem Bau von Kleinwohnungen im eigenen Namen befassen; daneben kann es auch den

Bau von Kleinwohnungen betreuen (gemeinnütziger Zweck). Hat ein gemeinnütziges Wohnungsunternehmen Kleinwohnungen im eigenen Namen tatsächlich gebaut und mußte es diese Tätigkeit später wegen Fehlens der wirtschaftlichen Voraussetzungen (Wohnungsbedarf oder Finanzierungsmöglichkeit zeitweise einstellen, so kann die Bautätigkeit während einer von der Anerkennungsbehörde im Benehmen mit dem zuständigen Oberfinanzpräsidenten zu bestimmenden Zeit tatsächlich unterbrochen werden, ohne daß daraus ein Grund für die Entziehung der Anerkennung zu folgern ist.

(²) Das Wohnungsunternehmen kann neben den Wohnungen, die es im eigenen Namen unterrichtet hat, auch solche Wohnungen verwalten, die es sich auf andere Weise verschafft hat.

(³) Welche Wohnungen als Kleinwohnungen gelten, welche Geschäfte unter den gemeinnützigen Zweck im Sinne des Abs. 2 fallen, und welche Geschäfte darüber hinaus das Wohnungsunternehmen betreiben darf, regeln die Durchführungsvorschriften.

(⁴) Soweit auf Grund von Ausnahmebewilligungen der zuständigen Behörden ein gewerblicher Betrieb unterhalten wird oder Wohnungen errichtet werden, deren Größe über die für Kleinwohnungen aufgestellten Grundsätze hinausgeht, können diese Ausnahmebewilligungen unter Auflagen erteilt werden.

§ 7

Überlassung der Wohnungen

(¹) Das Wohnungsunternehmen soll sich bei der Gestaltung der Miet- und Nutzungsverträge von den Gedanken der Pflege der Hausgemeinschaft und der Förderung der deutschen Familie leiten lassen. In der Satzung ist sicherzustellen, daß dabei die Belange der Mieter ausreichend gewahrt werden.

(²) Das Wohnungsunternehmen darf Wohnungen nur zu angemessenen Preisen überlassen. Wie der angemessene Preis zu ermitteln und nachzuprüfen ist, wird in den Durchführungsvorschriften geregelt.

§ 8
Weiterveräußerung

Werden Wohnungsbauten veräußert, so sind auf die Dauer von mindestens 20 Jahren Sicherungen dafür zu bestellen, daß bei einer Weiterveräußerung durch den ersten und jeden späteren Erwerber eine Preiserhöhung ausgeschlossen wird, die nicht durch Aufwendungen des letzten Inhabers auf das Grundstück gerechtfertigt wird. Die gleichen Sicherungen sind zu bestellen, wenn das Wohnungsunternehmen ein unbebautes Grundstück veräußert und darauf im eigenen Namen für Rechnung des Grundstückserwerbers Kleinwohnungen errichten läßt.

§ 9
Vermögensrechtliche Behandlung der Mitglieder

Die Mitglieder oder Gesellschafter des Wohnungsunternehmens dürfen satzungsgemäß und tatsächlich

a) bei der Verteilung des Reingewinns höchstens jährlich vier vom Hundert oder einen anderen von dem Reichsarbeitsminister bestimmten Hundertsatz ihrer eingezahlten Kapitalanlagen und keine sonstigen Vermögensvorteile erhalten, die nicht als angemessene Gegenleistung für eine besondere geldwerte Leistung anzusehen sind,

b) bei Auflösung des Wohnungsunternehmens und beim Ausscheiden nicht mehr als die eingezahlten Einlagen zurückerhalten.

§ 10
Anwendung bei Umstellung auf Goldmarkkapital

(1) Ist das Kapital eines Unternehmens auf einen Goldmarkbetrag umgestellt worden, der den Goldwert der Kapitaleinlagen nicht übersteigt, so tritt für die Anwendung des § 9 an die Stelle der eingezahlten Kapitaleinlagen der Nennwert der Anteile an dem umgestellten Goldmarkkapital.

(2) Übersteigt das umgestellte Goldmarkkapital den Goldwert der eingezahlten Kapitaleinlagen, so gilt § 9

nur dann als erfüllt, wenn jährlich nicht mehr als vier vom Hundert oder ein anderer von dem Reichsarbeitsminister bestimmter Hundertsatz des Goldwerts, den die Kapitaleinlagen hatten, als Gewinn verteilt werden und wenn die Mitglieder oder Gesellschafter bei Auflösung des Unternehmens und beim Ausscheiden nicht mehr als den Goldwert des eingezahlten Betrags zurückerhalten.

§ 11
Behandlung des Vermögens bei Auflösung des Unternehmens

Bei der Auflösung muß das Vermögen, soweit es nicht an die Mitglieder zurückzuzahlen ist, für gemeinnützige Zwecke verwendet werden. Nähere Bestimmung über die Verwendung trifft die Anerkennungsbehörde; ihr ist auf Verlangen das Vermögen unter Nachweis seines Bestandes auszuhändigen. Die Verwendung muß den Zwecken des gemeinnützigen Wohnungswesens dienen. Die Stelle, der das Vermögen zugeführt wird, hat auch etwaige Befugnisse und Verpflichtungen auf Grund des § 8 zu übernehmen.

§ 12
Wirtschaftlichkeit des Geschäftsbetriebes

Die Kosten der Verwaltung und Geschäftsführung müssen sich satzungsgemäß und tatsächlich in angemessenen Grenzen halten. Insbesondere darf das Unternehmen seinen Organen oder Dritten nicht Vergünstigungen oder Entschädigungen zuwenden, die über die in öffentlichen Betrieben üblichen Beträge hinausgehen.

§ 13
Zulässigkeit der Verwaltung

Es dürfen keine Tatsachen vorliegen, welche die Annahme rechtfertigen, daß ein dem satzungsmäßigen Zwecke oder den guten Sitten entsprechender Geschäftsbetrieb nicht stattfindet oder nicht stattfinden wird. Im Vorstand, im Aufsichtsorgan und als leitende Angestellte des Wohnungsunternehmens dürfen nur deutsche Volksgenossen tätig sein, bei denen keine Tatsachen vorliegen, die Zweifel an ihrer geschäftlichen oder politischen Zuverlässigkeit rechtfertigen. Die Beurteilung der politischen Zuverlässigkeit erfolgt durch den Hoheitsträger der Nationalsozialistischen Deutschen Arbeiterpartei.

§ 14

Zugehörigkeit zu einem Prüfungsverband

Das Wohnungsunternehmen muß einem Prüfungsverband von Wohnungsunternehmen angehören, der den Vorschriften des Genossenschaftsgesetzes entspricht und vom Reichsarbeitsminister hierfür bestimmt (zugelassen) worden ist. Der Reichsarbeitsminister kann nach Anhörung der obersten Landesbehörde Ausnahmen bewilligen; doch bleiben für Wohnungsunternehmen in der Rechtsform der Genossenschaft die Vorschriften des Genossenschaftsgesetzes über die Verbandszugehörigkeit unberührt.

§ 15

Bedürfnisfrage

Das Wohnungsunternehmen muß einem Bedürfnis entsprechen.

III. Verfahren

§ 16

Zuständigkeit

(1) Die Anerkennung, Versagung oder Entziehung der Anerkennung wird von der obersten Landesbehörde ausgesprochen, deren Verwaltungsgebiet mindestens einen Regierungsbezirk umfaßt (Anerkennungsbehörde).

(2) Die örtliche Zuständigkeit richtet sich für jedes Wohnungsunternehmen nach seinem Sitze.

(3) Die Anerkennung durch die zuständige Behörde wirkt für das ganze Reichsgebiet.

(4) Bei Wohnungsunternehmen der Nationalsozialistischen Deutschen Arbeiterpartei, ihrer Gliederungen

oder angeschlossenen Verbände geschieht die Anerkennung, Versagung oder Entziehung der Anerkennung im Einvernehmen mit dem zuständigen Gauleiter der Nationalsozialistischen Deutschen Arbeiterpartei.

§ 17

Entscheidungen

(1) Anerkennung, Versagung oder Entziehung der Anerkennung erfolgt durch Beschluß der Behörde.

(2) Die Behörde handelt von Amts wegen oder auf Antrag eines Beteiligten (§ 20).

(3) Die Wohnungsunternehmen sind verpflichtet, zur Beschleunigung der Entscheidung in jeder Weise beizutragen, insbesondere alle angeforderten Unterlagen fristgemäß einzureichen. Soweit das Verfahren dadurch verzögert wird, daß ein Wohnungsunternehmen die Unterlagen nicht rechtzeitig beibringt, sind die Kosten dem Wohnungsunternehmen ohne Rücksicht auf sein Verschulden aufzuerlegen, auch wenn es in der Hauptsache obsiegt.

(4) Die Entscheidungen sind schriftlich auszufertigen und den Beteiligten zuzustellen. Versagung oder Entziehung sind zu begründen.

§ 18

Anerkennung

(1) Für ein Wohnungsunternehmen, das noch nicht rechtsfähig ist, kann der Antrag auf Anerkennung auch von einem Prüfungsverband (§ 14) oder einem Organ der staatlichen Wohnungspolitik (§ 28) gestellt werden.

(2) Die Behörde oder, falls ein Rechtsmittel eingelegt wird (§ 21), die Spruchbehörde kann in der Entscheidung den Zeitpunkt festsetzen, in dem die Anerkennung wirksam werden soll. Der Zeitpunkt darf nicht vor dem Tage liegen, an dem der Antrag bei der Behörde eingeht. Dabei kann der Umstand, daß das Wohnungsunternehmen die Rechtsfähigkeit zunächst noch nicht erworben hatte, unberücksichtigt bleiben, wenn der Erwerb der

Rechtsfähigkeit bis zum Erlaß der Entscheidung eingetreten ist.

(3) Wird in der Entscheidung kein Zeitpunkt festgesetzt, so wirkt die Anerkennung von dem Tage an, unter dem die Entscheidung ergeht.

§ 19

Entziehung der Anerkennung

(1) Die Anerkennung verliert nur dadurch ihre Wirksamkeit, daß sie rechtskräftig entzogen wird. Ein einseitiger Verzicht durch das Wohnungsunternehmen ist unzulässig.

(2) Die Anerkennung muß entzogen werden, wenn

a) Aufbau oder Satzung des Wohnungsunternehmens den gesetzlichen Vorschriften, insbesondere den §§ 2 bis 15 zuwiderläuft,

c) das Wohnungsunternehmen sich der laufenden Aufsicht (§§ 23 bis 27) entzieht.

(3) Die Vorschriften des § 18 Abs. 2 Satz 1 und Abs. 3 finden entsprechende Anwendung.

(4) Die Anerkennungsbehörde kann die Entziehung auf Kosten des Wohnungsunternehmens veröffentlichen.

(5) Bei rechtskräftiger Entziehung der Anerkennung kann die Anerkennungsbehörde im Einvernehmen mit dem zuständigen Oberfinanzpräsidenten zur Abgeltung der durch die Anerkennung erlangten Vorteile dem Wohnungsunternehmen bestimmte geldliche Leistungen auferlegen, die das Wohnungsunternehmen an einen von der Anerkennungsbehörde zu bestimmenden Empfänger zu erbringen hat. Die Erfüllung der Leistungnen kann im Verwaltungswege erzwungen werden.

§ 20

Beteiligte

Beteiligte in dem Verfahren sind das Wohnungsunternehmen und der Oberfinanzpräsident, in dessen Bereich das Wohnungsunternehmen seinen Sitz hat. Dem Oberfinanzpräsidenten ist vor einer Entscheidung Gelegenheit zur Äußerung zu geben. Er kann auch die Entziehung einer Anerkennung beantragen.

§ 21

Rechtsweg

(1) Die Beteiligten haben unbeschadet der Vorschrift des Abs. 3 das Recht, die Entscheidung der Anerkennungsbehörde binnen einem Monat nach Zustellung durch Anrufung eines Verwaltungsgerichts anzufechten.

(2) Gegen die Entscheidung dieses Gerichts steht den Beteiligten die Rechtsbeschwerde an das Reichsverwaltungsgerichts nach Maßgabe des Gesetzes über das Reichsverwaltungsgericht zu. Bis zur Errichtung dieses Gerichts tritt an seine Stelle das Reichswirtschaftsgericht.

(3) Die oberste Landesbehörde kann bestimmen, daß gegen eine von ihr getroffene Entscheidung das Reichsverwaltungsgericht (Reichswirtschaftsgericht) unmittelbar angerufen werden kann.

(4) Soweit das Reichswirtschaftsgericht über die Rechtsbeschwerde zu entscheiden hat, gilt folgendes:

a) Die Rechtsbeschwerde kann nur darauf gestützt werden, daß die angefochtene Entscheidung fehlerhaft sei, weil ein Rechtssatz auf den festgestellten Sachverhalt nicht oder nicht richtig angewendet oder weil infolge eines Verfahrensmangels der der Entscheidung zugrunde gelegte Sachverhalt unrichtig oder unzureichend festgestellt sei.

b) Die Frist für die Einlegung der Rechtsbeschwerde beträgt einen Monat. Sie beginnt mit dem Ablauf des Tages, an dem die angefochtene Entscheidung den Beteiligten zugestellt ist.

c) Die Rechtsbeschwerde ist schriftlich bei dem Verwaltungsgericht, dessen Entscheidung angefochten wird, oder bei dem Rechtswirtschaftsgericht einzureichen.

(5) Das Verfahren richtet sich im übrigen nach den Vorschriften, die für die angerufenen Gerichte gelten.

§ 22

Firma und Register

(1) Ein Wohnungsunternehmen, das nicht auf Grund dieses Gesetzes als gemeinnützig anerkannt ist, darf sich öffentlich oder im Rechtsverkehr nicht als gemeinnützig bezeichnen.

(2) Die Firma eines Wohnungsunternehmens, das nicht auf Grund dieses Gesetzes anerkannt oder dem die Anerkennung entzogen worden ist, darf nicht die Bezeichnung als gemeinnützig enthalten.

(3) Wer dem Verbote des Abs. 1 vorsätzlich zuwiderhandelt, wird, sofern nicht nach anderen Vorschriften eine höhere Strafe verwirkt ist, mit Geldstrafe bestraft. Die Strafverfolgung tritt nur auf Antrag der Anerkennungsbehörde ein.

(4) Neben der Strafe kann angeordnet werden, daß die Verurteilung auf Kosten des Schuldigen öffentlich bekanntzumachen ist. Auf Antrag des freigesprochenen Angeklagten kann das Gericht anordnen, daß der Freispruch öffentlich bekanntzumachen ist; die Staatskasse trägt in diesem Falle die Kosten, soweit sie nicht dem Anzeigenden auferlegt worden sind (§ 469 der Strafprozeßordnung).

IV. Prüfungswesen und Aufsicht

§ 23

Prüfungsverband

(1) Die Prüfungsverbände, denen die gemeinnützigen Wohnungsunternehmen gemäß § 14 angehören müssen, werden von dem Reichsarbeitsminister nach Anhörung der beteiligten obersten Landesbehörden bestimmt (zugelassen). Der Reichsarbeitsminister kann eine erteilte Zulassung nach Anhörung des Prüfungsverbandes und der beteiligten obersten Landesbehörden wiederaufheben.

(2) Der Reichsarbeitsminister kann einen von ihm zugelassenen Prüfungsverband auflösen und die weitere Verwendung seines Vermögens regeln. Er kann die Mitglieder eines solchen Prüfungsverbandes, auch ohne ihn

aufzulösen, auf einen anderen Prüfungsverband mit Rechtswirksamkeit für die Beteiligten überführen.

(3) Der Reichsarbeitsminister bestimmt nach Anhörung der beteiligten obersten Landesbehörden für jeden zugelassenen Prüfungsverband einen örtlich abgegrenzten Gebietsteil des Deutschen Reichs als Prüfungsbezirk.

§ 24

Satzung des Prüfungsverbandes

(1) Die Satzung eines zugelassenen Prüfungsverbandes muß folgende Punkte sicherstellen:

a) Das Arbeitsgebiet des Prüfungsverbandes muß auf einen Prüfungsbezirk beschränkt sein, insbesondere dürfen nur Wohnungsunternehmen aufgenommen werden, die ihren Sitz in diesem Prüfungsbezirk haben.

b) Die dem Prüfungsverband angehörenden Wohnungsunternehmen dürfen nicht gleichzeitig Mitglied eines anderen Prüfungsverbandes sein, der auf Grund dieses Gesetzes zugelassen ist.

c) Um die Durchführung der ihnen nach Gesetz und Satzung obliegenden Aufgaben, insbesondere eine ordnungsmäßige Prüfungstätigkeit zu sichern, hat der Prüfungsverband seine Geschäfte nach einem Haushaltsplan zu führen, der alljährlich vom Prüfungsverband vor Beginn des Geschäftsjahres nach Benehmen mit dem Spitzenverband (§ 25) aufzustellen ist.

(2) Der Reichsarbeitsminister kann die Satzung eines zugelassenen Prüfungsverbandes ändern und die Eintragung der Änderung in das Vereinsregister veranlassen.

§ 25

Spitzenverband

(1) Die zugelassenen Prüfungsverbände müssen einem von dem Reichsarbeitsminister bestimmten Spitzenverband angehören; die Zugehörigkeit zu einem anderen Spitzenverband ist unzulässig.

(2) Der Reichsarbeitsminister kann die Satzung des Spitzenverbandes ändern und die Eintragung der Änderung in das Vereinsregister veranlassen.

(3) Der Spitzenverband stellt Richtlinien für die von den Prüfungsverbänden durchzuführenden Prüfungen auf. Die Richtlinien sind für die Prüfungsverbände und ihre Mitglieder verbindlich. Der Spitzenverband kann die Prüfungsberichte der Prüfungsverbände einfordern.

§ 26
Prüfung und Aufsicht

(1) Jedes als gemeinnützig anerkannte Wohnungsunternehmen hat sich regelmäßigen Prüfungen des Prüfungsverbandes zu unterwerfen, dem es gemäß § 14 angehört, falls nicht eine Ausnahme zugelassen ist. Der Prüfungsverband kann mit Zustimmung oder auf Verlangen der Anerkennungsbehörde außerordentliche Prüfungen auf Kosten des Wohnungsunternehmens durchführen.

(2) Die Prüfung ist auch auf die Einhaltung der Vorschriften der §§ 2 bis 15 zu erstrecken.

(3) Bei Wohnungsunternehmen, die nicht Genossenschaften sind, ist die Prüfung alljährlich vor Feststellung des Jahresabschlusses durchzuführen. Dabei ist der Jahresabschluß unter Einbeziehung der Buchführung und des Geschäftsberichts, soweit er den Jahresabschluß erläutert, zu prüfen, bevor er dem Aufsichtsorgan vorgelegt wird. An Stelle der Prüfungsbescheinigung des § 59 Abs. 1 des Genossenschaftsgesetzes ist unter sinngemäßer Anwendung der Vorschriften des § 140 des Aktiengesetzes ein Bestätigungsvermerk zu erteilen. Hat keine Prüfung stattgefunden, so kann der Abschluß nicht festgestellt werden; ein trotzdem festgestellter Jahresabschluß ist nichtig.

(4) Im übrigen finden auf die Prüfungen die Vorschriften des Genossenschaftsgesetzes bei Genossenschaften unmittelbar, bei den anderen Wohnungsunternehmen sinngemäße Anwendung.

(5) Die Prüfungsberichte sind von dem Wohnungsunternehmen auf Verlangen der Anerkennungsbehörde

binnen zwei Monaten nach Abschluß der Prüfung vorzulegen.

(6) Die Anerkennungsbehörde ist jederzeit berechtigt, alle Unterlagen und Auskünfte einzuholen, die sie für erforderlich erachtet, und Einblick in alle Geschäftsvorgänge und den Betrieb des Unternehmens zu nehmen, nötigenfalls auch von sich aus eine außerordentliche Prüfung durch eine von ihr zu bestimmende Stelle auf Kosten des Unternehmens vornehmen zu lassen.

(7) Jede Änderung der Satzung ist der Anerkennungsbehörde sofort mitzuteilen.

§ 27

Wirtschaftsbetriebe der öffentlichen Hand

Die Vorschriften der Dritten Verordnung des Reichspräsidenten zur Sicherung von Wirtschaft und Finanzen vom 6. Oktober 1931, Fünfter Teil, Kapitel VIII (Reichsgesetzbl. I S. 537, 562) über die Prüfungspflicht der Wirtschaftsbetriebe der öffentlichen Hand finden auf gemeinnützige Wohnungsunternehmen keine Anwendung.

V. Förderung des Wohnungswesens durch die öffentliche Hand

§ 28

Organe der staatlichen Wohnungspolitik

(1) Der Reichsarbeitsminister kann im Einvernehmen mit dem Reichsminister der Finanzen Unternehmen, an denen Reich oder Länder maßgebend beteiligt sind, und die von ihm zugelassenen Verbände als Organe der staatlichen Wohnungspolitik anerkennen. Durch die Anerkennung als Organe der staatlichen Wohnungspolitik erhalten diese Unternehmen und Verbände die gleiche Rechtsstellung wie ein als gemeinnützig anerkanntes Wohnungsunternehmen.

(2) Die Anerkennung eines Unternehmens setzt voraus, daß es den Vorschriften der §§ 2 bis 15 entspricht. Ist das Unternehmen nicht selbst als Bauherr tätig, so tritt

an die Stelle der §§ 6 bis 8 die vom Reichsarbeitsminister gebilligte Satzung. Die Anerkennung eines Verbandes setzt voraus, daß er den Vorschriften der §§ 2, 11, 12 und 13 genügt.

(3) Die Vorschriften dieses Gesetzes und die Durchführungsvorschriften über das Verfahren und die Zuständigkeit bei Erteilung, Versagung oder Entziehung der Anerkennung sowie über die Rechtsmittel finden mit der Maßgabe der Anwendung, daß an die Stelle der Anerkennungsbehörde der Reichsarbeitsminister tritt und daß für die Berufung das Reichsverwaltungsgericht (Reichswirtschaftsgericht) in erster und in letzter Instanz zuständig ist. Eine Rechtsbeschwerde ist nicht gegeben.

§ 29

Körperschaften des öffentlichen Rechts

Befreiungen von Steuern und Gebühren und sonstige Vergünstigungen, die den Gemeinden, Gemeindeverbänden und ähnlichen Körperschaften des öffentlichen Rechts in Angelegenheiten des Wohnungsbaues nach dem Landesrecht gewährt werden können, stehen diesen nur insoweit zu, als sie den im § 6 dieses Gesetzes angegebenen Zweck verfolgen oder als es sich sonstwie um die Förderung des Wohnungsbaues handelt.

VI. Schlußvorschriften

§ 30

Maßnahmen auf Grund dieses Gesetzes begründen keine Entschädigungsansprüche wegen Enteignung.

§ 31

Ein Wohnungsunternehmen, das beim Inkrafttreten der Vorschriften dieses Gesetzes auf Grund anderer Gesetze sich als gemeinnützig bezeichnet hat oder von den Behörden als gemeinnützig behandelt worden ist, hat bis zum 31. März 1941 die Anerkennung auf Grund dieses Gesetzes zu beantragen. Die Anerkennungsbehörde kann über diesen Antrag auch nach dem 31. März 1941 entscheiden. Bis zu dieser Entscheidung bleiben die Vergünstigungen, insbesondere Befreiungen von Gebühren und Steuern, die dem Wohnungsunternehmen bis zum Inkrafttreten der Vorschriften dieses Gesetzes allgemein bewilligt worden sind, wirksam und die darüber ausgestellten Bescheinigungen für die Zwecke, für die sie ausgestellt sind, gültig. Ebensolange kann sich das Wohnungsunternehmen als gemeinnützig bezeichnen. Das Wohnungsunternehmen unterliegt der laufenden Aufsicht im Sinne der §§ 23 bis 27.

§ 32

Der Reichsarbeitsminister erläßt im Einvernehmen mit den übrigen beteiligten Reichsministern die zur Durchführung und Ergänzung dieses Gesetzes erforderlichen Rechts- und Verwaltungsvorschriften. Er bestimmt, wann die Vorschriften des § 24 Abs. 2 und des § 25 Abs. 2 außer Kraft treten.

§ 33

Soweit in Gesetzen und Verordnungen Vorschriften der Gemeinnützigkeitsverordnung vom 1. Dezember 1930 und des Gesetzes über Beaufsichtigung und Anerkennung gemeinnütziger Wohnungsunternehmen vom 26. März 1934 angezogen sind, terten an deren Stelle die Vorschriften dieses Gesetzes.

Verordnung zur Durchführung des Gesetzes über die Gemeinnützigkeit im Wohnungswesen (WGGDV.)

Vom 23. Juli 1940.

Auf Grund des § 32 des Gesetzes über die Gemeinnützigkeit im Wohnungswesen — Wohnungsgemeinnützigkeitsgesetz — (WGG.) vom 29. Februar 1940 (Reichsgesetzbl. I S. 438) wird im Einvernehmen mit den beteiligten Reichsministern folgendes verordnet:

§ 1 (Zu § 2 des WGG)

(1) Das Wohnungsunternehmen muß einen Aufsichtsrat oder ein anderes Organ haben, das im wesentlichen die Rechte und Pflichten eines Aufsichtsrats hat (Aufsichtsorgan).

(2) Ist das Wohnungsunternehmen eine Genossenschaft oder ein Verein, so ist in der Satzung zu bestimmen, innerhalb welchen Bezirks sich der Geschäftsbetrieb halten soll. Überschreitet dieser den Verwaltungsbereich der Gemeinde, in der das Wohnungsunternehmen seinen Sitz hat, so bedarf es hierzu der Zustimmung der Anerkennungsbehörde. Eine solche Beschränkung schließt nicht aus, daß Genossen oder Vereinsmitglieder außerhalb des Bezirks wohnen. Der Reichsarbeitsminister kann anordnen, daß sich auch der Geschäftsbetrieb anderer Wohnungsunternehmen auf eine bestimmten Bezirk zu beschränken hat.

§ 2 (Zu § 3 des WGG)

Bei Festsetzung der Zahl der Genossen und der Höhe des Geschäftsanteils durch die Anerkennungsbehörde ist darauf hinzuwirken, daß nach Maßgabe der örtlichen Verhältnisse eine ausreichende wirtschaftliche Unterlage für die Arbeit des Wohnungsunternehmens geschaffen wird.

§ 3 (Zu § 4 des WGG)

(1) Zu den sonstigen Geschäften für den Wohnungsbau gehört auch der gewerbsmäßige Handel mit Grundstücken, die gewerbsmäßige Vermittlung von Geldgeschäften für Wohnungsbauzwecke und die selbständige Tätigkeit als Architekt im Hauptberuf.

(2) Zu den Angehörigen des Baugewerbes zählen natürliche und juristische Personen, die an einem Unternehmen des Baugewerbes wesentlich beteiligt sind oder zu einem Organ oder zu den leitenden Angestellten eines Unternehmens des Baugewerbes gehören. Als wesentlich beteiligt an einem Unternehmen des Baugewerbes gilt eine Person

dann, wenn sie oder ihre Angehörigen im Sinne des § 67 Abs. 1 Nrn. 2 und 3 der Reichsabgabenordnung das Unternehmen selbständig betreiben und unmittelbar oder durch Vermittlung eines Treuhänders oder einer Erwerbsgesellschaft zusammen an dem Unternehmen zu mehr als einem Viertel beteiligt sind. Gemeinnützige Wohnungsunternehmen und Gebietskörperschaften zählen nicht zu den Angehörigen des Baugewerbes.

(3) Die Mitglieder oder Gesellschafter eines Unternehmens bestehen überwiegend aus Angehörigen des Baugewerbes, wenn diese über mehr als die Hälfte der Stimmen verfügen. Im Vorstand und im Aufsichtsorgan dürfen höchstens je ein Drittel der Stimmen Angehörigen des Baugewerbes zustehen.

(4) Ist das Wohnungsunternehmen eine Aktiengesellschaft oder eine Kommanditgesellschaft auf Aktien, so müssen die Aktien auf Namen lauten. Die Umwandlung dieser Aktien in Inhaberaktien muß im Gesellschaftsvertrag ausgeschlossen sein.

(5) Die Übertragung von Aktien und die Abtretung von Geschäftsanteilen muß im Gesellschaftsvertrag von der Zustimmung des Aufsichtsorgans abhängig gemacht werden.

(Zu § 4 Abs. 3 des WGG) § 4

(1) Rechtsgeschäfte, die sich auf die Ausführung, Verwaltung oder Instandhaltung von Wohnungsbauten beziehen, dürfen mit Angehörigen des Baugewerbes, die an dem Wohnungsunternehmen mit Kapitaleinlagen oder als Mitglieder beteiligt sind, nur abgeschlossen werden, wenn das Aufsichtsorgan dem Abschluß zugestimmt hat. Die Beschlußfassung des Aufsichtsorgans erfordert eine Mehrheit von mindestens drei Viertel aller stimmberechtigten Mitglieder.

(2) Durch den Beschluß kann der Vorstand oder die Geschäftsführung ermächtigt werden, innerhalb eines bestimmten Zeitraums summenmäßig begrenzte Geschäfte dieser Art mit einer oder mehreren der vorstehend genannten Personen abzuschließen. Der Beschluß ist nur so lange gültig, wie in das Aufsichtsorgan kein neues Mitglied eintritt.

(3) Mit Angehörigen des Baugewerbes, die dem Vorstand oder dem Aufsichtsorgan des Wohnungsunternehmens angehören, darf das Wohnungsunternehmen Rechtsgeschäfte der im Abs. 1 genannten Art nicht abschließen. Die Anerkennungsbehörde kann jedoch nach Anhörung des Prüfungsverbandes Abweichungen zulassen, sofern das Aufsichtsorgan dem Abschluß solcher Rechtsgeschäfte einstimmig zugestimmt hat und die Geschäfte zeitlich und summenmäßig begrenzt sind.

§ 5 (Zu § 5 des WGG)

(1) Der Umstand, daß ein Wohnungsunternehmen bisher satzungsgemäß oder tatsächlich die Überlassung seiner Wohnungen auf Angehörige der Gefolgschaft eines bestimmten Unternehmens beschränkt hat, begründet keine Entziehung der Anerkennung, wenn die Satzungsbestimmung bis zum 1. Januar 1941 aufgehoben wird.

(2) Unberührt bleiben auf Gesetz oder Verordnung beruhende oder anläßlich einer Finanzierungsbeihilfe eingegangene Verpflichtungen, bestimmte Wohnungen für Angehörige der Gefolgschaft eines Unternehmens oder einer Art von Unternehmen zur Verfügung zu halten, auch soweit solche Verpflichtungen erst künftig begründet werden. Die Finanzierungsbeihilfe muß einen angemessenen Teil der Herstellungskosten betragen.

(3) An das Reich, ein Land (einen Reichsgau), eine Gemeinde (einen Gemeindeverband), die NSDAP., eine ihrer Gliederungen oder einen ihr angeschlossenen Verband kann ein Wohnungsunternehmen in der Rechtsform einer Genossenschaft oder eines Vereins auch vermieten, wenn die Satzung eine Vermietung an Personen, die nicht Mitglieder sind, nicht zuläßt.

§ 6 (Zu § 6 Abs. 1 und 3 des WGG)

(2) Geschäfte, die unter den gemeinnützigen Zweck im Sinne des § 6 Abs. 1 des Gesetzes fallen, liegen vor, wenn das Wohnungsunternehmen

a) für eigene Rechnung Kleinwohnungsbauten technisch und wirtschaftlich vorbereitet und von anderen (Bauunternehmern, Bauhandwerkern) herstellen läßt (Errichtung von Kleinwohnungen),

b) für Rechnung bestimmter Dritter Kleinwohnungsbauten auf eigenem oder fremdem Grundstück technisch und wirtschaftlich vorbereitet und von anderen (Bauunternehmern, Bauhandwerkern) herstellen läßt (Betreuung von Kleinwohnungsbauten),

c) in den Fällen zu den Buchst. a und b die Herstellung überwacht, die Abrechnung vornimmt und sonstige damit zusammenhängende Verwaltungsarbeiten ausführt.

(2) Eine Betätigung als ausführender Bauunternehmer ist ausgeschlossen.

(3) Die wirtschaftlichen Voraussetzungen der Bautätigkeit können auch infolge anderer Schwierigkeiten fehlen, z. B. wegen Mangels an Arbeitern oder Baustoffen. Die Möglichkeit zur Finanzierung fehlt, wenn diese nicht zu wirtschaftlichen Bedingungen beschafft werden kann. Bei der Beurteilung des Wohnungsbedarfs ist nicht nur der jeweilige Mitgliederbestand maßgebend. Der Reichsarbeitsminister kann im Einvernehmen mit den anderen beteiligten Reichsministern bestimmen, daß es während eines begrenzten Zeitraums der Bewilligung einer Baupause im Sinne des § 6 Abs. 1 Satz 2 des Gesetzes im Einzelfall nicht bedarf.

(Zu § 6 Abs. 1 des WGG) **§ 7**

(1) Geschäfte, die unter die Verwaltung im Sinne des § 6 Abs. 2 des Gesetzes fallen, liegen vor, wenn das Wohnungsunternehmen

a) im eigenen Namen errichtete oder auf andere Weise verschaffte Wohnungen vermietet,

b) solche Wohnungen selbst instand hält oder instand halten läßt,

c) die Benutzung der Wohnungen und die Ausführung von Instandsetzungsarbeiten überwacht,

d) Instandsetzungswerkstätten betreibt, die nach Art und Umfang dem Bedarf der vorhandenen Bauwerke entsprechen, soweit Arbeiten nur für Wohnungen ausgeführt werden, die das Unternehmen verwaltet,

e) Gemeinschaftseinrichtungen betreibt, die ganz überwiegend den Personen seiner Siedlungen und anderen Mitgliedern des Wohnungsunternehmens zugute kommen,

f) Geschäftsräume für die eigene Verwaltung in angemessenem Umfang errichtet oder sonstwie verschafft und benutzt.

(2) Die Wohnungen, die ein gemeinnütziges Wohnungsunternehmen gemäß § 6 Abs. 2 des Gesetzes verwalten darf, müssen in dem Zeitpunkt ihrer Verschaffung durch das Wohnungsunternehmen den geltenden Voraussetzungen entsprochen haben, von denen nach Reichs- oder Landesrecht eine Steuerbefreiung oder die Anerkennung als gemeinnütziges Wohnungsunternehmen abhing, oder es muß für die Verschaffung der Wohnungen eine Ausnahme gemäß § 9 bewilligt worden sein. Als Verschaffung gilt der Erwerb des Eigentums und der Erwerb des Besitzes durch Miete, Pacht, Nießbrauch oder als Treuhänder.

(3) Für die Verwaltung anderer Räume und Anlagen (§§ 8 und 10 Abs. 7) gelten die Vorschriften des Abs. 1 sinngemäß.

§ 8 (Zu § 6 Abs. 3 des WGG)

Außer den in den §§ 6 und 7 dieser Verordnung genannten darf das Wohnungsunternehmen folgende Geschäfte betreiben:

a) alle Rechtsgeschäfte, die mit der Errichtung, Verschaffung und Finanzierung seiner Bauten und Anlagen in dem üblichen Rahmen ordnungsmäßiger Wohnungswirtschaft zusammenhängen, insbesondere den Erwerb, die Belastung und Veräußerung von Grundstücken und Erbbaurechten und die Hereinnahme von Zwischenkrediten und Baudarlehen,

b) die Hereinnahme von Geldern von Mitgliedern, Gesellschaftern und Genossen in Form von Anteilen und Darlehen, Spargeldern, Depositen u. dgl.,

c) die Anlage verfügbarer Mittel auf Konten bei Kreditinstituten, Postscheckkonten und in Wertpapieren,

d) den Erwerb von Baustoffen, die zum Bau von Kleinwohnungen auf den eigenen Grundstücken des Wohnungsunternehmens oder zur Instandhaltung von verwalteten Wohnungen verwendet werden sollen,

e) die Beteiligung an gemeinnützigen Wohnungsunternehmen und die Mitgliedschaft bei Personenvereinigungen, die das Kleinwohnungswesen fördern,

f) die Beteiligung an Kreditunternehmen, soweit sie zur Kreditbeschaffung für das Wohnungsunternehmen ausnahmsweise erforderlich ist, sowie die Beteiligung an Bausparkassen und der Abschluß von Bausparverträgen als Bausparer,

g) die Errichtung und Überlassung von Räumen für Gewerbebetriebe, die zur Befriedigung der Bedürfnisse der Bewohner der von dem Wohnungsunternehmen errichteten oder verwalteten Wohnungen erforderlich sind, und für wirtschaftliche Einrichtungen, die nach den örtlichen Verhältnissen zur wirtschaftlichen Ausnutzung des Geländes sich als notwendig erweisen,

h) die Errichtung und Überlassung von Bauten, die den Aufgaben öffentlicher Verwaltungen, der NSDAP., ihrer Gliederungen und der ihr angeschlossenen Verbände dienen, wenn die Erfüllung dieser Aufgaben in erster Linie den Bewohnern der von dem Wohnungsunternehmen errichteten oder verwalteten Wohnungen zugute kommt.

(Zu § 6 Abs. 3 des WGG) § 9

(1) Der Reichsarbeitsminister kann im Einvernehmen mit den anderen beteiligten Reichsministern auch andere als die in den §§ 6 bis 8 bezeichneten Geschäfte zulassen, wenn dadurch die Gemeinnützigkeit des Wohnungsunternehmens nicht beeinträchtigt wird.

(2) Zur Unterhaltung eines gewerblichen Betriebes oder zur Errichtung oder Verschaffung von Wohnungen, die nicht Kleinwohnungen im Sinne von § 10 sind, bedarf das Wohnungsunternehmen der Bewilligung einer Ausnahme im Sinne des § 6 Abs. 4 des Gesetzes durch den Reichsarbeitsminister. Ob und welche Auflagen dabei zu

machen sind, bestimmt der Reichsarbeitsminister im Einvernehmen mit den anderen beteiligten Reichsministern.

§ 10 (Zu § 6 Abs. 1 und 3 des WGG)

(1) Als Kleinwohnungen gelten Wohnungen, deren Wohnfläche höchstens beträgt:

a) bei Einfamilienhäusern
mit einem Wohngeschoß 110 Quadratmeter,
mit zwei Wohngeschossen 120 Quadratmeter,

b) bei Einfamilienhäusern
mit Einliegerwohnung 150 Quadratmeter,

c) bei den übrigen Wohngebäuden 100 Quadratmeter.

(2) Wohnungen, welche die im Abs. 1 genannten Flächen um ein geringes Maß (bis zu einem Fünftel) überschreiten, sind als Kleinwohnungen dann anzusehen, wenn bei größeren Wohnungsbeständen desselben Wohnungsunternehmens innerhalb des Gebiets einer Gemeinde die Durchschnittsfläche der Wohnungen das vorgeschriebene Maß nicht übersteigt oder wenn die Mehrfläche durch eine wirtschaftlich notwendige Grundrißgestaltung bedingt ist oder wenn die Wohnungen für kinderreiche Familien bestimmt sind. In Großstädten, deren Gebiet in mehrere Verwaltungsbezirke eingeteilt ist, tritt an die Stelle des Gebiets der Gemeinde der Verwaltungsbezirk.

(3) Als Wohnfläche gilt die gesamte Grundfläche der abgeschlossenen Wohnung, abzüglich der Stärke der verputzten Wände. Hinzuzurechnen ist die Grundfläche voll ausgebauter Räume in Dach- oder Untergeschossen, die nach ihrer Zweckbestimmung in der Regel zu einer abgeschlossenen Wohnung in einem Mehrfamilienhaus gehören. Die Grundfläche der Treppen ist nicht in Ansatz zu bringen, auch dann nicht, wenn die Treppe in einen Wohnraum oder in die Küche eingebaut ist.

(4) Ein Einfamilienhaus ist ein Wohngebäude, das aus einer Wohnung für eine Familie besteht. Es verliert seine Eigenschaft als Einfamilienhaus nicht dadurch, daß eine zweite Wohnung eingebaut ist, die gegenüber der Hauptwohnung von untergeordneter Bedeutung ist (Einliegerwohnung).

(5) Wohnungen, die nach ihrer Art und Ausstattung als Luxuswohnungen anzusehen sind, gelten nicht als Kleinwohnungen, auch wenn sie die genannten Größen nicht überschreiten.

(6) Der Reichsarbeitsminister kann im Einvernehmen mit den anderen beteiligten Reichsministern auch andere Arten von Wohnungen, deren Bau oder Verschaffung mit öffentlichen Hilfen gefördert wird, zu Kleinwohnungen erklären.

(7) Mit Kleinwohnungen können Kleingärten und Anlagen für Kleintierhaltung verbunden sein. Die dafür erforderlichen Baulichkeiten (Ställe u. dgl.) können errichtet und verwaltet oder überlassen werden.

(Zu § 7 des WGG) § 11

(1) Als Mieter im Sinne des Gesetzes gilt jeder, dem Räume in einem von dem Wohnungsunternehmen verwalteten Gebäude überlassen sind.

(2) Das Wohnungsunternehmen darf Miet- und Nutzungsverträge, Betreuungsverträge und Verträge über die Veräußerung von Wohnungsbauten nur nach Mustern abschließen, die von dem Spitzenverband aufgestellt worden sind; wesentliche Abweichungen von diesen Mustern sind unzulässig.

(3) Der Preis für die Überlassung des Gebrauchs einer Wohnung (Miete, Pacht, Nutzungsgebühr) darf nicht höher, aber auch nicht niedriger angesetzt werden, als es nach den Grundsätzen einer ordnungsmäßigen Wirtschaftsführung zur Deckung der laufenden Aufwendungen für die Wohnungsbewirtschaftung einschließlich einer angemessenen Verzinsung des Fremd- und Eigenkapitals, einer ordnungsmäßigen Abschreibung und zur Bildung von Rücklagen und Rückstellungen erforderlich ist. Maßgeblich sind die Verhältnisse zur Zeit der ersten Überlassung der Wohnungen. Der Preis für die Veräußerung von Wohnungsbauten ist unter Berücksichtigung gleicher wirtschaftlicher Erwägungen so zu berechnen, daß die Selbstkosten des Wohnungsunternehmens einschließlich von Bauzinsen und erforderlichen Rücklagen und Rückstellungen gedeckt

werden. Dabei sind Richtlinien zugrunde zu legen, die von dem Spitzenverband aufgestellt werden.

(4) Die in den Abs. 2 und 3 vorgesehenen Muster und Richtlinien bedürfen der Zustimmung des Reichsarbeitsministers. Der Reichsarbeitsminister kann in bestimmten Fällen Abweichungen von den Vorschriften der Abs. 2 und 3 zulassen.

(5) Die Mieten und Eigenheimerlasten sollen festgesetzt sein, bevor die Wohnungsbauten bezugsfertig hergestellt sind.

(6) Eine Überlassung ohne Entgelt ist unzulässig.

§ 12

(Zu § 8 des WGG)

(1) Die Sicherungen im Sinne des § 8 Gesetzes sollen in folgenden Maßnahmen bestehen:

a) Ausgabe des Grundstücks als Reichsheimstätte oder
b) Vereinbarung eines Wiederkaufsrechts unter Festlegung der Unterlagen, auf Grund deren der Wiederkaufspreis zu berechnen ist, und Eintragung einer Vormerkung zur Sicherung des Anspruchs auf Auflassung des Grundstücks oder
c) vertragliche Verpflichtung des Erwerbers, daß er das Grundstück nicht ohne Zustimmung des Wohnungsunternehmens veräußern wird.

(2) Wird eine Vereinbarung gemäß Abs. 1 Buchst. b oder c getroffen, so hat sich der Erwerber weiter vertraglich zu verpflichten, daß er die Verpflichtungen unter Buchst. b bzw. c auch seinem Rechtsnachfolger auferlegen und diesen wiederum verpflichten wird, das Grundstück nur unter denselben Bestimmungen zu veräußern. Außerdem ist eine Vertragsstrafe in Höhe von mindestens 10 vom Hundert des Bau- und Bodenwertes des Grundstücks für den Fall des Verstoßes gegen die Verpflichtungen und die Bestellung einer Sicherungshypothek für diese Vertragsstrafe zu vereinbaren.

(3) Weitere Sicherungen sind zulässig.

(4) Werden die Sicherungen nur für einen bestimmten Zeitraum bestellt, so ist Beginn und Ende dieses Zeitraums durch Angabe von Kalendertagen festzulegen.

(5) In der Satzung ist dafür Vorsorge zu treffen, daß in jedem Fall unzulässiger Preissteigerung von einem der dem Wohnungsunternehmen eingeräumten Rechte Gebrauch gemacht wird.

(6) Der Wiederverkaufspreis setzt sich zusammen aus dem Kaufpreis und den vom Erwerber übernommenen Kosten sowie dem Wert der mit Zustimmung des Wohnungsunternehmens vom Erwerber geschaffenen Verbesserungen. Abzuziehen ist die eingetretene Wertminderung des Grundstücks und der Baulichkeiten, mindestens in Höhe von 1 vom Hundert jährlich des auf die Baulichkeiten entfallenden Teil des Kaufpreises und des Wertes der vorgenannten Kosten und Verbesserungen.

(7) Im Falle des Wiederkaufs findet § 7 Abs. 2 dieser Verordnung keine Anwendung. Ist die Ausübung des Wiederkaufs unwirtschaftlich, so kann das Wohnungsunternehmen mit Zustimmung des Prüfungsverbandes eine andere Regelung treffen.

(8) Bei der Anwendung dieser Vorschriften in den Reichsgauen der Ostmark und des Sudetenlandes gelten im Abs. 1 Satz 1 Buchst. b statt der Worte „Eintragung einer Vormerkung zur Sicherung des Anspruchs auf Auflassung des Grundstücks" die Worte „Einverleibung dieses Rechts im Grundbuch" und sind im Abs. 2 die Worte „b oder" und „b bzw." fortzulassen.

(Zu §§ 9 und 10 des WGG) § 13

(1) Als Einzahlungen gelten auch die Gewinnzuschreibungen.

(2) Die Vorschrift, daß die Gesellschafter beim Ausscheiden nicht mehr als die eingezahlten Einlagen zurückerhalten dürfen, findet auf Kapitalgesellschaften keine Anwendung.

(3) Der Umstand, daß ein Wohnungsunternehmen die Herabsetzung der zulässigen Höchstdividende von 5 auf 4 vom Hundert vor dem 1. März 1940 bei der Festsetzung eines Jahresabschlusses nicht berücksichtigt hat, begründet nicht die Entziehung der Anerkennung.

§ 14 (Zu § 11 des WGG)

Bei der Bestimmung über die Verwendung des Vermögens hat die Anerkennungsbehörde die Beteiligten und den Prüfungsverband zu hören und Bestimmungen der Satzung zu berücksichtigen, die sie bis zur Auflösung des Unternehmens unbeanstandet gelassen hat.

§ 15 (Zu § 13 des WGG)

(1) Leitende Angestellte sind solche, die zur selbständigen Einstellung oder Entlassung der übrigen im Betriebe oder in ihrer Betriebsabteilung Beschäftigten berechtigt sind oder denen Prokura oder Generalvollmacht erteilt ist.

(2) Bei unmittelbaren und mittelbaren Reichsbeamten, politischen Leitern und Amtsträgern der NSDAP., ihrer Gliederungen und der ihr angeschlossenen Verbände ist die politische Zuverlässigkeit als gegeben anzusehen, solange sie als solche tätig sind. Einer besonderen Beurteilung im Sinne des letzten Satzes des § 13 des Gesetzes bedarf es insoweit nicht.

§ 16 (Zu § 15 des WGG)

Stellt die Anerkennungsbehörde fest, daß für den Fortbestand eines gemeinnützigen Wohnungsunternehmens ein volks- oder wohnungswirtschaftliches Bedürfnis nicht besteht und daß seine Verschmelzung mit einem oder mehreren anderen gemeinnützigen Wohnungsunternehmen zu einer Leistungssteigerung führen würde, so kann sie die beteiligten Unternehmen auffordern, sich miteinander zu verschmelzen. Den Unternehmen, die der Aufforderung ohne hinreichenden Grund nicht nachkommen, ist die Anerkennung zu entziehen.

§ 17 (Zu § 17 des WGG)

(1) Der Antrag auf Erteilung oder Entziehung der Anerkennung ist einschließlich der Anlagen in dreifacher Ausfertigung über den Prüfungsverband bei der Anerkennungsbehörde einzureichen. Der Antrag ist nach dem vom Spitzenverband unter Zustimmung des Reichsarbeits-

ministers festgesetzten Muster mit den dazugehörigen Nachweisen aufzustellen. Diese Vorschriften gelten nicht für Anträge der Oberfinanzpräsidenten.

(2) Wenn die Satzung oder der Gesellschaftsvertrag des Wohnungsunternehmens den vom Spitzenverband mit Zustimmung des Reichsarbeitsministers aufgestellten Mustern entsprechen, so gelten die in dem Gesetz enthaltenen Anforderungen an den Satzungsinhalt als erfüllt.

(3) Die Anerkennungsbehörde hat vor einer Entscheidung außer den Beteiligten auch den zuständigen Gauleiter der NSDAP. und den Verband zu hören, dem das Wohnungsunternehmen gemäß § 14 des Gesetzes anzugehören hat.

§ 18

Das Verfahren ist für das Wohnungsunternehmen gebührenfrei: wenn die Entscheidung auf Erteilung oder Aufrechterhaltung der Anerkennung lautet.

(Zu § 19 des WGG)

§ 19

(1) Wird in einem auf Antrag oder von Amts wegen eingeleiteten Anerkennungsverfahren einem Unternehmen, das bereits auf Grund anderer Gesetze als gemeinnützig behandelt worden ist, oder sich als gemeinnützig bezeichnet hat, die Anerkennung versagt, so gelten hierfür dieselben Vorschriften wie für die Entziehung der Anerkennung.

(2) Ist einem Wohnungsunternehmen die Anerkennung rechtskräftig versagt oder entzogen worden oder hat ein Wohnungsunternehmen einen von ihm gestellten Antrag zurückgenommen, so kann es einen neuen Antrag auf Anerkennung erst zwei Jahre nach Ablauf des Tages stellen, an dem die Anerkennung rechtskräftig versagt oder entzogen oder an dem der von dem Wohnungsunternehmen gestellte Antrag zurückgenommen worden ist.

(3) Die Entziehung der Anerkennung kann auch mit Wirksamkeit von einem vor der Verkündung der Entscheidung liegenden Zeitpunkt erfolgen.

§ 20 (Zu § 21 des WGG)

In dem Verfahren vor den im § 21 des Gesetzes genannten Gerichten gilt auch die Anerkennungsbehörde als Beteiligte.

§ 21 (Zu § 22 des WGG)

(1) Die Anerkennungsbehörden teilen den Registergerichten die auf Grund des Gesetzes ergehenden rechtskräftigen Entscheidungen mit. Die Gerichte teilen den Anerkennungsbehörden und diese den zuständigen Prüfungsverbänden Eintragungen in die Register mit, die eine Änderung des Vorstandes, der Satzung oder des Gesellschaftsvertrags oder die Auflösung oder Löschung eines als gemeinnützig anerkannten Wohnungsunternehmens betreffen.

(2) Das Wohnungsunternehmen hat Veränderungen im Vorstand, in der Geschäftsführung und im Aufsichtsorgan unverzüglich der Anerkennungsbehörde und dem zuständigen Verband mitzuteilen.

§ 22 (Zu § 26 des WGG)

(1) Das Wohnungsunternehmen hat sein Rechnungswesen nach Richtlinien zu führen, die der Spitzenverband mit Zustimmung des Reichsarbeitsministers aufstellt.

(2) Der Vorstand (Geschäftsführer) des Wohnungsunternehmens hat nach Ablauf jedes Geschäftsjahres zusammen mit dem Jahresabschluß einen Geschäftsbericht über das vergangene Geschäftsjahr vorzulegen und darin den Geschäftsverlauf und die Lage des Wohnungsunternehmens darzulegen. Zu berichten ist auch über Vorgänge von besonderer Bedeutung, die nach dem Schluß des Geschäftsjahres eingetreten sind. Im Geschäftsbericht ist ferner der Jahresabschluß zu erläutern; dabei sind auch wesentliche Abweichungen von dem bisherigen Jahresabschluß zu erörtern. Weitergehende Vorschriften des Aktienrechts bleiben unberührt.

(3) Das Wohnungsunternehmen wird durch den Verband, dem es angehört, geprüft. Ist eine Ausnahme

gemäß § 14 des Gesetzes zugelassen, so erfolgt die Prüfung durch die von dem Reichsarbeitsminister bestimmte andere Stelle unter Beachtung der gleichen Vorschriften.

(4) Bei der Prüfung ist auch die Einhaltung der Durchführungsvorschriften zu überwachen.

(5) Das Wohnungsunternehmen ist verpflichtet, den Beanstandungen in den Prüfungsberichten durch entsprechende Maßnahmen nachzukommen. Geschieht dies nicht innerhalb eines angemessenen Zeitraums, so kann der Prüfungsverband das Wohnungsunternehmen auffordern, die Beanstandung binnen einer bestimmten Frist nachzukommen. Hat das Wohnungsunternehmen der Aufforderung nach Fristablauf nicht entsprochen, so hat der Prüfungsverband der Anerkennungsbehörde Mitteilung zu machen.

(6) Auf Jahresabschlüsse, die vor dem 1. März 1940 bereits festgestellt waren, finden die Vorschriften des § 26 Abs. 3 des Gesetzes keine Anwendung.

(7) Der Reichsarbeitsminister kann die Anwendbarkeit der Vorschriften des § 26 des Gesetzes allgemein für begrenzte Zeiträume aussetzen.

(Zu § 28 des WGG) § 23

An einem Unternehmen ist das Reich oder ein Land maßgebend beteiligt, wenn ihm allein oder in Gemeinschaft mit einer anderen Gebietskörperschaft mindestens die Hälfte des Grund- oder Stammkapitals zusteht. Der Beteiligung steht es gleich, wenn das Reich oder ein Land auf Grund anderer öffentlich-rechtlicher Bestimmungen als des Gesetzes über die Gemeinnützigkeit im Wohnungswesen oder nach den Bestimmungen der Satzung eine Aufsicht über das Unternehmen ausübt, oder wenn das Unternehmen ausschließlich zur Befriedigung eines besonderen Wohnungsbedarfs dient, die im öffentlichen Interesse des Reichs oder eines Landes liegt.

§ 24

(1) Bestimmungen des Gesellschaftsvertrags oder der Satzung eines Wohnungsunternehmens, die einen Be-

schluß der Gesellschafter-, General- oder Mitgliederversammlung davon abhängig machen, daß bei der Beschlußfassung mindestens eine bestimmte Zahl oder ein bestimmter Teil der Gesellschafter, Genossen, Vertreter oder Mitglieder anwesend oder ein bestimmter Mindestbetrag des Kapitels des Unternehmens vertreten ist, finden keine Anwendung für die Beschlußfassung über solche Satzungsänderungen, von denen die Anerkennungsbehörde die Anerkennung der Gemeinnützigkeit abhängig gemacht hat. Die Verfügung der Anerkennungsbehörde muß die geforderten Satzungsänderungen ihrem Wortlaut nach genau angeben und den Hinweis enthalten, daß der Anerkennung der Gemeinnützigkeit andere Hindernisse nicht mehr entgegenstehen.

(2) Bleiben Bestimmungen des Gesellschaftsvertrags oder der Satzung auf Grund dieser Verordnung außer Anwendung, so ist darauf bei der Einberufung der Versammlung hinzuweisen.

§ 25

Ist ein Wohnungsunternehmen auf Grund der Gemeinnützigkeitsverordnung vom 1. Dezember 1930 als gemeinnützig anerkannt, so bedarf es einer erneuten Anerkennung nicht.

§ 26

Der Reichsarbeitsminister kann im Einvernehmen mit den anderen beteiligten Reichsministern die ihm nach dem Gesetz oder dieser Verordnung zustehenden Befugnisse auf andere Stellen übertragen.

§ 27

Mit dem Inkrafttreten dieser Verordnung treten außer Kraft:

a) die Verordnung zur Ausführung der Verordnung des Reichspräsidenten zur Sicherung von Wirtschaft und Finanzen vom 1. Dezember 1930, Siebenter Teil, Kapitel III (Gemeinnützigkeitsverordnung,

Reichsgesetzbl. I S. 593), vom 20. März 1931 (Reichsgesetzbl. I S. 73),

b) die Verordnung über die Organe der staatlichen Wohnungspolitik vom 22. Oktober 1931 (Reichsgesetzbl. I S. 658),

c) die Zweite Verordnung über die Organe der staatlichen Wohnungspolitik vom 11. Februar 1933 (Reichsgesetzbl. I S. 67),

d) die Zweite Verordnung zur Ausführung der Gemeinnützigkeitsverordnung vom 11. Februar 1933 (Reichsgesetzbl. I S. 70),

e) Artikel III Nrn. 1 bis 4 des Gesetzes zur Sicherung der Gemeinnützigkeit im Wohnungswesen vom 14. Juli 1933 (Reichsgesetzbl. I S. 484),

f) die Dritte Verordnung zur Ausführung der Gemeinnützigkeitsverordnung vom 26. November 1934 (Reichsgesetzbl. I S. 1199).

§ 28

Diese Verordnung tritt am 1. August 1940 in Kraft.

D. Anhang Ziffer 7.

Siedlungswesen.

Der Reichsminister der Finanzen

S 4504 — 355 III

Berlin W 8, 11. Dezember 1940
Wilhelmplatz 1/2.

Betrifft: Steuervergünstigungen im Siedlungswesen.

Nach § 29 des Reichssiedlungsgesetzes (RSiedlG.) in der Fassung des Gesetzes vom 7. Juni 1923, RGBl. I S. 364, sind Geschäfte und Verhandlungen, die zur Durchführung von Siedlungsverfahren im Sinn des Reichssiedlungsgesetzes dienen, von allen Steuern befreit. § 29 RSiedlG. ist bei der Durchführung von Kleinsiedlungen entsprechend anzuwenden (§ 20 des Kapitels II des Vierten Teils der 3. Notverordnung vom 6. Oktober 1931, RGBl. I S. 537, 553 und § 1 der Verordnung über die weitere Förderung der Kleinsiedlung usw. vom 19. Februar 1935, RGBl. I S. 341; Bestimmungen über die Förderung der Kleinsiedlung (KSB.) vom 14. September 1937 / 23. Dezember 1938, Dtsch. RAnz. Nr. 214 / Nr. 303). Das gleiche gilt für die Bereitstellung von Kleingärten (Artikel 4 der Verordnung zur Kleinsiedlung und Bereitstellung von Kleingärten in der Fassung der Bekanntmachung vom 15. Januar 1937, RGBl. I S. 17; Bestimmungen über die Förderung der Kleingärten vom 22. März 1938, Dtsch. RAnz. Nr. 74).

Die Auslegung des § 29 RSiedlG. hat oft zu Zweifeln Anlaß gegeben. Der Reichsfinanzhof hat wiederholt zur Anwendung dieser Vorschrift Stellung genommen, u. a. in dem Urteil vom 6. Mai 1938 II 418/37, RStBl. 1938 S. 829. Er hat entschieden, daß Steuerfreiheit grundsätzlich nur für solche Geschäfte gegeben ist, die unmittelbar der Durchführung eines Siedlungsverfahrens dienen. Legt man den Begriff „unmittelbar" eng aus, so werden dadurch von der Steuer auch Fälle erfaßt, bei denen es unter Berücksichtigung des besonderen Zwecks und Ziels der Siedlung doch angebracht erscheint, von der Erhebung einer Steuer abzusehen. Ich treffe in diesem Erlaß im Einvernehmen mit den beteiligten Ministiern — für die Wertzuwachssteuer mit Zustimmung des Reichsministers des Innern — Anordnungen darüber, in welchen Fällen von der Geltendmachung der Steuer abzusehen ist und wie die hauptsächlich bei der Siedlung in Betracht kommenden Vorgänge steuerlich zu beurteilen sind. Die Anordnungen ergehen auf Grund des § 17 Absatz 2 Satz 1 der Reichsabgabenordnung.

Bäuerliche Siedlung.

I. Nicht unmittelbar der Siedlung dient, was nicht der Durchführung eines bestimmten Siedlungsverfahrens dient. Die Befreiungsvorschrift des § 29 R.-SiedlG. ist deshalb auf solche Vorgänge nicht anwendbar, die nicht der Durchführung eines bestimmten Siedlungsverfahrens dienen. Diese Geschäfte und Verhandlungen sind, soweit nicht die einzelnen Steuergesetze besondere Befreiungen gewähren (z. B. § 7 KVG., § 12 KVDV.), steuerpflichtig. Die Steuer wird mithin zu den folgenden Vorgängen erhoben:

1. Errichtung der Siedlungsgesellschaft;
2. Beschlüsse der Gesellschafterversammlungen der Siedlungsgesellschaft (z. B. über die Erhöhung des Stammkapitals der Siedlungsgesellschaft);
3. allgemeine Finanzierung des Siedlungsunternehmens, Empfang von Betriebsmittelkrediten, soweit diese nicht zur Durchführung eines bestimmten Verfahrens als Ersatz für Eigenmittel der Gesellschaft gegeben werden;

4. Miet- oder Kaufverträge über Geschäftsräume oder Geschäftsgrundstücke für das Siedlungsunternehmen;
5. Dienstverträge mit Angestellten;
6. Beschaffung der Geschäftsbedürfnisse für das Siedlungsunternehmen;
7. Erwerb, Veräußerung oder Belastung von Grundstücken durch das Siedlungsunternehmen außerhalb eines bestimmten Siedlungsverfahrens (z. B. Übernahme eines Grundstücks zum Ausgleich erhobener Schadensersatzansprüche).

II. Unmittelbar der Siedlung dienen und unter die Befreiungsvorschrift des § 29 RSiedlG. fallen die folgenden Vorgänge:

1. Finanzierung des einzelnen Siedlungsvorhabens des Siedlungsunternehmens (z. B. Verträge über Gewährung und Sicherstellung von Ankaufskredit und Besiedlungskredit);
2. Erwerb des für Siedlungszwecke bestimmten Landes durch das Siedlungsunternehmen. Die Befreiung gilt auch für Grundstücksteile und Wirtschaftsgüter, die nicht für die Siedlung oder die Siedler Verwendung finden können, aber beim Erwerb einer wirtschaftlichen Einheit zwangsläufig miterworben werden müssen (z. B. größere Waldflächen, Schloß, Park, Steinbruch, Kiesgrube, Ziegelei, Sägewerk, Brauerei);
3. Aufbau der einzelnen Siedlerstellen einschließlich der Baustoffbeschaffung durch das Siedlungsunternehmen;
4. Einrichtung der Siedlerstellen und Beschaffung des Inventars durch das Siedlungsunternehmen;
5. Finanzierungsmaßnahmen für die Ansetzung des einzelnen Siedlers (z. B. Darlehensvertrag des einzelnen Siedlers mit der Deutschen Siedlungsbank oder der Deutschen Landesrentenbank, Hypothekenbestellungen für Zwischenkredite und die Dauerbeleihung, Verträge über Einrichtungsdarlehen, zugehörige Eintragungsbewilligungen und Vorrangseinräumungen);
6. Abgabe der Siedlerstellen (Bauernhöfe, Stellen für landwirtschaftliche Kleinbetriebe, Handwerker- und

Landarbeiterstellen) an die einzelnen Siedler, vorläufiger Pachtvertrag, Kaufvertrag, Rentengutsvertrag zwischen Siedlungsunternehmen und Siedler;

7. Abgabe von Land an Anliegersiedler, aber nur soweit der Erwerber dadurch nicht mehr Land erwirbt, als für die Hebung seines Kleinbetriebs zu einem gefestigten Erbhof notwendig ist;

8. Landzuteilung im Anliegersiedlungsverfahren zu bereits bestehenden Erbhöfen, aber nur soweit die Landzuteilung unbedingt notwendig ist, um den schwachen Hof durch Verstärkung der Ackernahrung als Erbhof zu festigen und zu sichern.

III. Bei der Durchführung von Siedlungsvorhaben werden auch Gemeinschaftsanlagen errichtet und Einrichtungen geschaffen, die der Gesamtheit der Siedler einer Siedlung dienen. Für die dazu erforderlichen Geschäfte und Verhandlungen wird eine Steuer nicht erhoben. Es kommen vornehmlich die folgenden Vorgänge in Betracht:

1. Beschaffung des Landes für Gemeinschaftsanlagen, deren Errichtung die Siedlungsbehörde dem Siedlungsunternehmen auferlegt (z. B. Schule, Gemeinschaftsraum, Backhaus, Waschanlage, Kirche, Friedhof und Einrichtungen, die die Gemeinde den dafür besonders bestehenden Organisationen zur Benutzung überlassen soll, wie NSV.-Stelle zur Betreuung der Siedler, HJ.-Heim für die Kinder der Siedler, Arbeitsdienstlager für die in der Gemeinde eingesetzte weibliche Jugend), soweit nicht bereits Abschnitt II Ziffer 2 anzuwenden ist;

2. Beschaffung von Wirtschaftsgütern für gemeinschaftliche Anlagen (z. B. Maschinen für eine Genossenschaftsbrennerei, Tiere für eine Zuchtgemeinschaft);

3. Abgabe der Gemeinschaftsanlagen (Ziffer 1) an die politische Gemeinde oder Kirchengemeinde, Abgabe von Straßenland, Landdotationen an die Gemeinde;

4. Abgabe von Genossenschaftsanlagen (z. B. Brennerei, Molkerei) an eine Siedlergenossenschaft.

IV. Bei der Durchführung von Siedlungsverfahren wird das Siedlungsgelände oft bis zur Übertragung der Siedlerstellen auf die einzelnen Siedler durch das Siedlungsunternehmen bewirtschaftet (Zwischenwirtschaft). Zu Maßnahmen, die für die Zwischenwirtschaft getroffen werden (z. B. Versicherung gegen Hagelschäden, Feuerversicherung, Abschluß von Pachtverträgen, Abschluß von Verträgen über die Durchführung von Meliorationen u. ä.), wird eine Steuer nicht erhoben, wenn das Geschäft von dem Siedlungsunternehmen nach der Eröffnung des Siedlungsverfahrens und vor Ablauf des dritten Kalenderjahrs nach der Eröffnung abgeschlossen wird. Erstreckt sich das Siedlungsverfahren über diesen Zeitraum, so ist die Steuerfreiheit auf Antrag der oberen Siedlungsbehörde weiterzugewähren, soweit die Weiterführung der Zwischenwirtschaft nach den Verhältnissen des gegebenen Siedlungsverfahrens notwendig ist. Der Antrag ist an den Oberfinanzpräsidenten zu richten. Die weitere Steuerbefreiung ist in der Regel nur für ein Kalenderjahr zu gewähren. Sind umfangreichere Meliorationsarbeiten, z. B. bei Moorsiedlungsverfahren, durchzuführen, so kann die weitere Steuerbefreiung für einen längeren Zeitraum gewährt werden (Hinweis auf den besonderen Erlaß für die Umsatzsteuer vom 11. Dezember 1940 S 4153 — 42 III).

V. (1) Soweit Siedlungsunternehmen Grundstücksflächen und andere Wirtschaftsgüter nicht an Siedler oder aus den Siedlern gebildete Gemeinschaften, sondern an dritte Personen veräußern, gilt die Befreiungsvorschrift des § 29 RSiedlG. nicht. Es sind daher steuerpflichtig die folgenden Vorgänge:

1. Veräußerung eines zunächst für Siedlungszwecke erworbenen Geländes, bei dem die Siedlungsabsicht aufgegeben worden ist;
2. Veräußerung der bei der Durchführung eines Siedlungsverfahrens übrigbleibenden, zur Siedlung nicht geeigneten Grundstücksteile und sonstigen Wirtschaftsgüter (z. B. Waldflächen, Schloß, Steinbruch, Brennerei) durch das Siedlungsunternehmen an dritte Personen.

(2) Werden in diesen Fällen das Gelände oder die Grundstücksteile von dem Siedlungsunternehmen in Tausch gegen neues Siedlungsland hingegeben, so werden jedoch Grunderwerbsteuer und Wertzuwachssteuer nicht erhoben.

VI. Im mittelbaren Zusammenhang mit einem Siedlungsverfahren stehen und nicht zu den begünstigten Vorgängen gehören:

1. Erwerb von Land, das für Siedlungsland in Tausch gegeben werden soll, durch das Siedlungsunternehmen und
2. Hingabe des Tauschlands durch das Siedlungsunternehmen im Austausch gegen Siedlungsland. — Der Austausch kleiner Flächen in einem Siedlungsverfahren zur zweckmäßigen oder wirtschaftlichen Gestaltung der Siedlungsfläche fällt aber nicht unter die Ziffern 1 und 2; für diesen Austausch wird eine Steuer nicht erhoben —;
3. Verkauf des bisherigen Grundstücks oder sonstigen Eigentums durch den Siedlungsbewerber zur Geldbeschaffung;
4. eigener Erwerb eines Ersatzgrundstücks durch einen Eigentümer, der sein Grundstück für Siedlungszwecke hingegeben hat.

VII. Nimmt ein Siedlungsunternehmen für einen unter das Grunderwerbsteuergesetz fallenden Vorgang die Steuervergünstigung in Anspruch und beantragt es die Erteilung der Unbedenklichkeitsbescheinigung (§ 9 GrESt.-DV.), so hat das Siedlungsunternehmen in dem Antragschreiben zu versichern, daß der Erwerbsvorgang den Abschnitt .... Ziffer .... des Erlasses des Reichsministers der Finanzen vom 11. Dezember 1940 S 4504 — 355 III erfüllt. Eine entsprechende Versicherung der Siedlungsbehörde ist beizufügen, wenn die Abgabe der Versicherung der Siedlungsbehörde obliegt. Glaubt das Finanzamt, Einwendungen gegen eine Versicherung erheben zu müssen, so erläßt es nicht einen Steuerbescheid, sondern nimmt mit der Siedlungsbehörde Fühlung.

Kommt ein Einverständnis nicht zustande, so berichtet das Finanzamt dem Oberfinanzpräsidenten, der dann seinerseits mit der oberen Siedlungsbehörde in Verbindung tritt. Kommt auch hier eine Einigung nicht zustande, so ergeht auf Bericht des Oberfinanzpräsidenten eine endgültige Anordnung des Reichsministers der Finanzen im Einvernehmen mit dem Reichsminister für Ernährung und Landwirtschaft.

Kleinsiedlung.

VIII. Bei der Durchführung der Kleinsiedlung ist der § 29 RSiedlG. entsprechend anzuwenden. Die Anordnungen in den Abschnitten I bis VII gelten daher entsprechend bei den Kleinsiedlungen, die auf Grund der Bestimmungen über die Förderung der Kleinsiedlung — KSB. — vom 14. September 1937 / 23. Dezember 1938, Dtsch. RAnz. Nr. 214 / Nr. 303, anerkannt sind (vgl. Nr. 31 Abs. 2 und Nr. 43 ff. KSB.). An Stelle des Siedlungsunternehmens tritt der Siedlungsträger, an Stelle der Siedlungsbehörde die Bewilligungsbehörde (Anerkennungsbehörde) und an Stelle des Reichsministers für Ernährung und Landwirtschaft der Reichsarbeitsminister. Als Finanzierungsmaßnahme bei der Kleinsiedlung kommt hinsichtlich Abschnitt II Ziffer 5 auch die Aufnahme sonstiger Darlehen sowie die Übernahme der Reichsbürgerschaft in Betracht. Außerdem gilt für die Kleinsiedlung das folgende:

1. Die Finanzierung der Kleinsiedlung soll zum Teil aus Mitteln des privaten Kapitalmarktes und durch Eigenleistungen der Siedler gedeckt werden. Bei der Geldbeschaffung nehmen die Träger der Kleinsiedlung oder die Kleinsiedler oft Pfandbriefanstalten in Anspruch. Das Finanzierungsinstitut gibt Pfandbriefdarlehen gegen hypothekarische Sicherstellung auf den Kleinsiedlungsgrundstücken. Die Pfandbriefdarlehen werden in der Form gewährt, daß entweder
   a) das Pfandbriefinstitut die Pfandbriefe dem Siedlungsträger bzw. dem Siedler zur eigenen Verwertung übergibt oder

b) das Pfandbriefinstitut die Pfandbriefe im eigenen Namen und für eigene Rechnung veräußert und den Erlös dem Siedlungsträger bzw. dem Siedler gibt.

Die Wertpapiersteuer wird in diesen Fällen nicht erhoben. Voraussetzung ist, daß der nichterhobene Steuerbetrag dem Siedlungsträger (Siedler) gutgebracht wird.

2. (1) Für die Kleinsiedlung wird wegen ihrer Gebundenheit an bestimmte Standorte oft solcher landwirtschaftlich genutzter Grundbesitz in Anspruch genommen, für den dem Landgeber billigerweise Ersatzland (Austauschland) gewährt werden muß. Dies gilt namentlich, wenn Erbhofgelände in Anspruch genommen wird. Durch die Kosten für die Beschaffung des Ersatzlands würden mittelbar die Landbeschaffungskosten für das Siedlungsvorhaben erhöht werden. Dies muß jedoch aus siedlungswirtschaftlichen Gründen möglichst vermieden werden. Für den Erwerb eines Ersatzgrundstücks durch denjenigen, der ein Grundstück zur Schaffung oder zur Vergrößerung von Kleinsiedlungen freihändig oder im Weg der Enteignung abgeben muß, wird daher die Grunderwerbsteuer nicht erhoben. Voraussetzung ist, daß das Ersatzgrundstück nach der Vereinbarung der Beteiligten ganz oder teilweise die Gegenleistung für das abgegebene Grundstück darstellen und im Fall der Enteignung ganz oder teilweise an die Stelle der zu zahlenden Geldentschädigung treten soll oder daß das Ersatzgrundstück durch Vermittlung des Siedlungsträgers oder der Gemeinde an Stelle des in Anspruch genommenen Grundstücks beschafft wird. Soweit der Wert des Ersatzgrundstücks den Wert des abgegebenen Grundstücks übersteigt und der Landabgeber noch eine entsprechende Ausgleichszahlung zu bewirken hat, bleibt die Steuer zu entrichten.

(2) Bei der Stellung von Ersatzland (Austauschland) weist regelmäßig der Träger der Kleinsiedlung das Ersatzland dem Landabgeber nach und dieser erwirbt es unmittelbar. Es kann jedoch auch vorkommen, daß der Siedlungsträger das Ersatzland, das er zur Ver-

fügung stellt, vorher selbst erwerben muß. In diesen Fällen wird die Grunderwerbsteuer für die Beschaffung des Ersatzlands und auch für die Hingabe des Ersatzlands durch den Siedlungsträger nicht erhoben.

(3) Der Erwerb von Ersatzland (Austauschland) ist nur begünstigt, wenn der Träger der Kleinsiedlung, unter Umständen die Bewilligungsbehörde (Anerkennungsbehörde) — vgl. Nrn. 39 Absatz 2 und 43 Absatz 2 KSB. — bescheinigt, daß die Beschaffung des Ersatzlands zur Durchführung des Landerwerbs für die Kleinsiedlung unumgänglich notwendig ist.

3. Soweit Eigensiedler in Frage kommen, findet der Landerwerb unmittelbar durch den Siedler statt (vgl. Nr. 41 der KSB.). In diesen Fällen gilt hinsichtlich der Steuerfreiheit § 4 Absatz 1 Ziffer 2a des Grunderwerbsteuergesetzes.

Reichsheimstätten Landarbeiterwohnungsbau.

IX. (1) Für die Begründung und Vergrößerung von Reichsheimstätten bestehen besondere Vergünstigungsvorschriften (§ 34 des Reichsheimstättengesetzes in der Fassung vom 25. November 1937, RGBl. I S. 1291, § 49 der Verordnung zur Ausführung des Reichsheimstättengesetzes vom 19. Juli 1940, RGBl. I S. 1027). Hinsichtlich der Finanzierung von Reichsheimstätten durch Pfandbriefdarlehen gilt für die Wertpapiersteuer Abschnitt VIII Ziffer 1 dieses Erlasses entsprechend.

(2) Besondere Vergünstigungsvorschriften bestehen auch für die Schaffung von Landarbeiterwohnungen (§ 14 der Verordnung zur beschleunigten Förderung des Baues von Heuerlings- und Werkwohnungen sowie von Eigenheimen für ländliche Arbeiter und Handwerker vom 10. März 1937, RGBl. I S. 292, § 14 der Ersten Durchführungsverordnung über die beschleunigte Förderung des Baues von Heuerlings- und Werkwohnungen sowie von Eigenheimen für ländliche Arbeiter und Handwerker im Lande Österreich vom 30. November 1938, RGBl. I S. 1715, § 16 der Ersten Durchführungsverordnung über die beschleunigte Förderung des Baues von Heuer-

lings- und Werkwohnungen sowie von Eigenheimen für ländliche Arbeiter und Handwerker im Reichsgau Sudetenland vom 28. Juli 1939, RGBl. I S. 1338). Bei der Schaffung von Landarbeiterwohnungen ist Abschnitt VIII Ziffer 2 entsprechend anzuwenden, wenn die Beschaffung von Ersatzland unumgänglich notwendig ist. In diesem Fall stellt der Landrat (die Vorprüfungsbehörde) die Bescheinigung aus.

Übergangsregelung.

Nach den vorstehenden Anordnungen ist bei allen Geschäften und Verhandlungen zu verfahren, die nach Bekanntgabe dieses Erlasses vorgenommen werden. Für die Geschäfte und Verhandlungen, die zeitlich vor der Bekanntgabe des Erlasses liegen, gilt das folgende:

1. rechtskräftige Steuerforderungen bleiben bestehen;
2. schwebende Steuernachforderungen in den jetzt als steuerfrei beurteilten Fällen werden fallen gelassen;
3. schwebende Steuernachforderungen in den Fällen der Abschnitte I und VI bleiben bestehen;
4. schwebende Steuernachforderungen in den Fällen des Abschnitts V Absatz 1 werden fallen gelassen. Das gleiche gilt in den Fällen des Abschnitts VIII Ziffer 1 und des Abschnitts IX Absatz 1, falls die Voraussetzungen für die Steuervergünstigung nicht erfüllt sind;
5. in den Fällen von Abschnitt I, Abschnitt V Absatz 1 und Abschnitt VI Ziffern 1 und 2 sind neue Nachforderungen nicht zu erheben. Das gleiche gilt in den Fällen des Abschnitts VIII Ziffer 1 und des Abschnitts IX Absatz 1, falls die Voraussetzungen für die Steuervergünstigung nicht erfüllt sind.

Im Auftrag: Trapp.

D. Anhang Ziffer 8.

Finanzausgleichsgesetz
(Auszug).

§ 38

(1) Die Stadt- und Landkreise können zur Grunderwerbsteuer von den Grundstücken, die innerhalb ihres Gebietes liegen, Zuschläge für ihre Rechnung erheben. Sie sind befugt, die Zuschläge nach sachlichen Merkmalen der Grundstücke abzustufen, insbesondere unbebaute Grundstücke vorauszubelasten. Die Vorschrift des § 2 des Grunderwerbsteuergesetzes findet Anwendung. Satzungen über die Erhebung von Zuschlägen kann rückwirkende Kraft nicht beigelegt werden.

(2) Erstreckt sich ein Grundstück über das Gebiet mehrerer Stadt- und Landkreise, so ist die Grunderwerbsteuer für die Zwecke der Zuschlagserhebung nach dem Verhältnis der Werte der Grundstücksteile zu zerlegen, die in den einzelnen Stadt- oder Landkreisen liegen.

(3) Die Zuschläge dürfen nicht mehr als zwei vom Hundert des steuerpflichtigen Werts betragen. In den Fällen des § 13 Absatz 2 des Grunderwerbsteuergesetzes betragen die Zuschläge die Hälfte der nach Satz 1 festgesetzten Zuschläge. Der Höchstsatz darf auch in den Fällen der Abstufung der Sätze und der Vorausbelastung von Grundstücken nicht überschritten werden. Soweit das Grunderwerbsteuergesetz Ermäßigungen vorsieht, sind die Zuschläge in gleichem Verhältnis zu ermäßigen.

D. Anhang Ziffer 9.

Reichsabgabenordnung

(Auszug).

§ 76

.... örtlich zuständig:

für die Besteuerung nach dem Grunderwerbsteuergesetz und für die Zerlegung von Besteuerungsgrundlagen der Grunderwerbsteuer:

das Finanzamt, in dessen Bezirk das Grundstück (der wertvollste Teil des Grundstücks) belegen ist. Beim Grundstückserwerb durch Verschmelzung von Kapitalgesellschaften ist das Finanzamt zuständig, in dessen Bezirk sich die Geschäftsleitung der aufnehmenden Kapitalgesellschaft befindet, und bei der Vereinigung aller Anteile einer Gesellschaft auf einen anderen und bei den entsprechenden schuldrechtlichen Geschäften das Finanzamt, in dessen Bezirk sich die Geschäftsleitung der Gesellschaft befindet; ....

§ 145

Abs. 1. Die Verjährung beginnt mit Ablauf des Jahres, in dem der Anspruch entstanden ist.

Abs. 3. Abweichungen von Abs. 1:

3. Die Verjährung der Grunderwerbsteuer beginnt mit dem Ablauf des Jahrs, in dem der Erwerber des Grundstücks als Eigentümer in das Grundbuch eingetragen worden ist.

§ 165e

Abs. 1. Wenn ein Steuerpflichtiger nachträglich, aber vor dem Ablauf der Steuerverjährungsfrist erkennt, daß eine Steuererklärung oder eine andere Erklärung, die er einer Finanzbehörde abgegeben hat, unrichtig oder unvollständig ist, und daß die Unrichtigkeit oder Unvollständigkeit zu einer Verkürzung von Steuereinnahmen führen kann, so ist er (ohne daß es einer besonderen Aufforderung bedarf) verpflichtet, dies unverzüglich der zuständigen Finanzbehörde anzuzeigen.

Abs. 4. Sind bei einem Erwerbsvorgang, der ganz oder teilweise von der Grunderwerbsteuer befreit war, die Voraussetzungen der Steuerbefreiung ganz oder teilweise weggefallen, so hat der Steuerpflichtige dies dem Finanzamt anzuzeigen. Die Anzeige ist binnen zwei Wochen seit dem Wegfall der Voraussetzungen zu erstatten.

§ 189d

Abs. 1. Der Erwerber eines Grundstücks, eines Erbbaurechts oder Erbpachtrechts darf in das Grundbuch erst dann eingetragen werden, wenn eine Bescheinigung des Finanzamts vorgelegt wird, daß der Eintragung steuerliche Bedenken nicht im Wege stehen.

Abs. 3. Das Finanzamt hat die Bescheinigung zu erteilen, wenn die Grunderwerbsteuer (einschl. des Zuschlags) und die Kapitalverkehrsteuern entrichtet, sichergestellt oder gestundet worden sind oder wenn Steuerfreiheit gegeben ist. Es darf die Bescheinigung auch in anderen Fällen erteilen, wenn nach seinem Ermessen die Steuerforderung nicht gefährdet ist.

Abs. 4. Das FA. soll in der Bescheinigung, die zur Vorlegung beim Grundbuchamt erteilt wird, den Einheitswert des Grundstücks angeben, wenn er dem Finanzamt bekannt ist.

D. Anhang Ziffer 10.

Steueranpassungsgesetz
(Auszug).

§ 3

Abs. 1. Die Steuerschuld entsteht, sobald der Tatbestand verwirklicht ist, an den das Gesetz die Steuer knüpft.

Abs. 2. Auf die Entstehung der Steuerschuld ist es ohne Einfluß, ob und wann die Steuer festgesetzt wird und wann die Steuer zu entrichten (wann sie fällig) ist.

Abs. 3. Die Absätze 1 und 2 gelten sinngemäß für andere Leistungen, die auf Grund der Steuergesetze geschuldet werden.

Abs. 5. Beispiele und Ergänzungen zu den Absätzen 1 und 2: Die Steuerschuld entsteht:

Ziff. 5: bei der Grunderwerbsteuer:

a) mit dem Eintritt der Bedingung, wenn die Wirksamkeit eines Erwerbsvorgangs von dem Eintritt einer Bedingung abhängig ist;

b) mit der Genehmigung, wenn ein Erwerbsvorgang der Genehmigung einer Behörde bedarf.

Sachverzeichnis.

(Die Zahlen geben die Seiten an)

FSC
www.fsc.org
MIX
Papier | Fördert gute Waldnutzung
FSC® C083411

Kolibri 360 GmbH
Ferdinand-Jühlke-Straße 7
99095 Erfurt, Deutschland
produktsicherheit@kolibri360.de